Inhalt

Starten Sie Ihre eigene Theatergruppe mit den Theaterstücken von Willow Creek!

Stellen Sie sich die Auswirkungen vor, die Theaterstücke in Ihrer Gemeinde haben können … Ihre Theatergruppe führt ein kurzes Stück mit einem packenden Thema auf. Diese Stücke sind lustig, traurig, machen nachdenklich. Die Zuschauer identifizieren sich mit den handelnden Figuren. Sie werden erkennen, wie wertvoll Theaterspielen als Kommunikationsmittel sein kann.

Die Zuschauer dieser kurzen Theaterstücke sind in erster Linie kirchendistanzierte Menschen. Die Theaterstücke sind nicht als Predigtwerkzeug gedacht, sondern sollen vielmehr Fragen aufwerfen und/oder Themen anreißen, die der Pastor aus biblischer Sicht in der Predigt ansprechen kann.

Die Stücke sind durchschnittlich 7–8 Minuten lang. Bitte wählen Sie sie sorgfältig aus, da die Manuskripte vom Umtausch ausgeschlossen sind.

Aufführungslizenz für die Gemeinde

Mit dem Kauf eines Gottesdienstkonzeptes oder/und eines Theaterstückes erwerben Sie automatisch auch die Aufführungsrechte für Ihre Ortsgemeinde bzw. gemeinnützige Organisation zur unbegrenzten Verwendung der Materialien, sofern es in Ihren regulären Gottesdiensten oder Ihrer nichtkommerziellen Veranstaltung aufgeführt wird. Vervielfältigung der Stücke durch Fotokopie ist nur gestattet für die einzelnen Mitarbeiter Ihrer Gemeinde und/oder Organisation. Weitergabe und/oder Verkauf an andere Gemeinden/Organisationen ist nicht gestattet. Die Verwendung der Theaterstücke für Fernsehen, Radio oder andere kommerzielle Zwecke ist verboten.

Bauen Sie Ihre eigene Theatergruppe auf	2
Alphabetisches Titelverzeichnis	3
Thematisches Titelverzeichnis	12
Anderen dienen	12
Angst	12
Blick in die Ewigkeit	12
Charakter	12
Christ und Arbeitswelt	12
Christlicher Lebensstil	12–13
Ehe/Familie	13
Einwände gegen den christlichen Glauben	13–14
Ethik und Soziales	14
Evangelisation	14
Feiertage	14
Finanzen	14
Gebet	14
Gottesbild	14
Grundlagen des christlichen Glaubens	14–15
Lebenstempo	15
Neu im Glauben	15
Rendezvous	15
Schwierige Lebensumstände	15
Selbstbild	15
Unsere Beziehung zu Gott	15
Vergebung/Schuld	15
Zwischenmenschliche Beziehungen	16
Kurzbeschreibung der Theaterstücke	17
Bestellinformation	55

© 2001 der erweiterten Ausgabe by Gerth Medien GmbH, Asslar

Auf der Grundlage der neuen Rechtschreibregeln.

Satz: Projektion J Verlag
Druck und Verarbeitung: Schönbach Druck, Erzhausen

Gottesdienstkonzepte und Theaterstücke, inkl. Regieanweisung und Aufführungslizenz, können aus verwaltungstechnischen Gründen nur direkt beim Verlag bestellt werden.

 Fax-Bestellung: 0 64 43 / 68 34   Telefon-Bestellung: 0 64 43 / 68 35

Bauen Sie Ihre eigene Theatergruppe auf!

Liebe Freunde,

wir haben erkannt, dass Theaterstücke eine großartige Möglichkeit bieten, die verschiedensten biblischen Themen, um die es in unseren Gottesdiensten geht, einzuführen und zu unterstützen. Es ist keine leichte Aufgabe, in Ihrer Gemeinde eine Theatergruppe aufzubauen, die mit ihren regelmäßigen Aufführungen den Gottesdienst auflockert. Bald aber werden Sie erkennen, wie wertvoll Theaterspielen als Kommunikationsmittel sein kann.

Ich möchte Ihnen kurz erklären, wie unsere Theaterphilosophie in *Willow Creek* aussieht. Die Theaterstücke werden so geschrieben, dass sie sich thematisch mit einer Predigt decken. Weil Theaterstück und Predigt immer im Doppelpack kommen, vermeiden wir es, im Theaterstück zu »predigen«. Vielmehr bemühen wir uns um eine kreative Annäherung an ein Thema, indem wir alltägliche Charaktere darstellen, mit denen sich unsere Zuschauer identifizieren können. Eine ganze Reihe unserer Stücke sind nicht direkt »christlich«, aber sie passen inhaltlich zu einer biblischen Aussage. Die Theaterstücke stellen vor allem auch einen Versuch dar, mit kirchendistanzierten Menschen zu kommunizieren.

Unsere Theatergruppe besteht aus Schauspielerinnen und Schauspielern, die wir im Rahmen einer Vorsprechprobe auswählen. Sie treffen sich einmal pro Woche für eineinhalb Stunden, um ihre Begabung durch praktisches Üben zu verbessern und auszubauen. Schauspieler, die an den Aufführungen in den Wochenendgottesdiensten teilnehmen, treffen sich in der entsprechenden Woche zusätzlich zu einer Probe von vier oder fünf Stunden.

Um eine Theatergruppe ins Leben zu rufen, brauchen Sie einen Menschen, der Entschlusskraft, gewisse schauspielerische und technische Fähigkeiten und die Berufung von Gott hat, die Verantwortung für diesen Dienst zu übernehmen. Diese Person wird für die Ausführung der wichtigsten Aufgaben zuständig sein: Er oder sie wird die Entwicklung von Manuskripten betreuen (oder Quellen für Manuskripte ausfindig machen), Schauspieler finden, die Proben leiten, Requisiten beschaffen, die Arbeit mit den Planern anderer Dienste (oder im einfacheren Fall mit dem Pastor) koordinieren und Material, Aufführung und Wirkung der aufgeführten Theaterstücke bewerten. Widerstehen Sie der Versuchung, mit Leuten zu beginnen, die nur die besten Absichten, aber weder starke Leitungsfähigkeit noch Theatererfahrung und Talent haben.

Wenn Sie diese Schlüsselperson gefunden haben, geht es im nächsten Schritt darum, Schauspieler zu finden. Durch Vorspielproben, sofern Werbung dafür gemacht wird, werden Sie höchstwahrscheinlich die Leute finden, die Sie benötigen. Scheuen Sie sich nicht, persönlich jemanden einzuladen, bei dem Sie Potential vermuten. Menschen, denen man einen kleinen Schubs geben muss, sind oft bessere Schauspieler als Personen, die zu dick auftragen. Versuchen Sie, eine Vorspielprobe zu entwickeln, die so wenig bedrohlich wie möglich ist. Wenn Sie zuhören, wie die Vorspieler einen Text lesen und/oder Improvisationen spielen, achten Sie auf Klarheit, Ausdruck und Gefühl. Stellen Sie sich vor, Sie würden im Publikum sitzen, und fragen Sie sich selbst: »Glaube ich, was sie sagen, oder habe ich das Gefühl, dass sie spielen?« Falls es Ihnen schwer fällt, jemandem zu sagen, dass er oder sie vielleicht nicht genügend schauspielerisches Talent hat, dann haben Sie wenigstens Erbarmen mit dem Publikum, das einen Schauspieler ertragen muss, der zwar viel guten Willen, aber kein Talent hat. Suchen Sie sich die weniger schmerzhafte Lösung aus; es wird das Richtige sein, allen Bedenken zum Trotz.

Die größte Herausforderung, der wir uns gegenübersehen, ist das Erstellen von Manuskripten. Auch wenn die Stücke ziemlich einfach aussehen, trügt der Schein: Es steckt sehr viel Arbeit in jedem dieser Stücke. Aber vielleicht haben Sie oder jemand aus Ihrem Team Lust und versuchen selbst zu schreiben.

Um Ihnen bei der Auswertung Ihrer Arbeit zu helfen, empfehlen wir Ihnen, sich ein paar Leute zu suchen, die sozusagen als »Thermometer« fungieren, also Leute, die Ihnen dabei helfen, Qualität und Effektivität der Aufführung zu bewerten. Suchen Sie Leute, die sich in Ihre Zielgruppe hineinversetzen können (Kirchendistanzierte? Jugendliche? Geschäftsleute? Manager? Gebildete? Weniger Gebildete?). Diese sollten bei der Bewertung davon ausgehen, wie ein Theaterstück auf die anvisierte Zielgruppe wirkt. Wenn Sie beispielsweise auf Männer abzielen wollen und sich dabei die Frauen im Zuschauerraum am meisten angesprochen fühlen, dann müssen Sie anerkennen, dass Sie Ihr Ziel nicht erreicht haben, selbst wenn Sie eine Menge Komplimente erhalten haben. Gehen Sie zurück ans Reißbrett, und lernen Sie, was das Leben Ihrer Zielgruppe wirklich berührt. Untersuchen Sie, was hinter offensichtlichen Irrtümern oder auch hinter offensichtlichen Volltreffern steckt. Bei dieser Arbeit können Sie vor allem von den Bemerkungen Ihrer Kritiker profitieren.

Ich hoffe, dass diese kurze Beschreibung eines ziemlich komplexen Prozesses sowie die Materialien in diesem Katalog Ihnen helfen werden, in die richtige Richtung zu starten. Denken Sie daran, dass der Schlüssel für Wachstum die Bereitschaft ist, ein Risiko auf sich zu nehmen und zu entdecken, was funktioniert und was ein Versuch bleibt. Im Verlauf dieses Prozesses werden Sie vielleicht einen wirklich bedeutsamen Dienst schaffen.

Ich wünsche Ihnen Gottes Segen für Ihre Theaterarbeit!

Steve Pederson
Leiter der Theatergruppe *Willow Creek*

Alphabetisches Titelverzeichnis

Titel	Best.-Nr.	Seite	Personen	Themen
Abwesend	A007	17	3 Männer, 1 Frau	Generationskonflikte; Generation X; Familie
Allein an der Spitze	A001	17	1 Mann	Gefahren der Macht; die Notwendigkeit von göttlicher Hilfe; Auferstehung von Jesus Christus
Alles eine Frage der Perspektive	A008	17	1 Mann, 1 Frau 1 Mann oder Frau	Ehe; die Wahrheit sagen
Alles verdreckt	A002	17	1 Mann, 1 Frau 1 männl. Stimme	Ehebruch; Umgang mit Verletzungen; der Schmerz, den Lügen verursachen
Alles, nur keine Religion	A003	18	2 Männer, 2 Frauen	Unterschiede zwischen Denominationen; Religion als Ursache der Entfremdung innerhalb von Familien
An einer Bushaltestelle	A004	18	1 Mann, 1 Frau	unsere Beziehung zu Gott; Selbstbild
Anprobe	A005	18	1 Mann, 2 Frauen	Ehe; geliebter Nichtchrist; Evangelisation
Arbeit ist das halbe Leben	A018	18	2 Männer, 1 Frau	den richtigen Beruf suchen; elterliches Opfer
Auf dem Zaun	A019	18	4 Männer, 1 Frau	Unentschlossenheit; Mitarbeit in der Gemeinde; Entscheidung zum Christsein
Auf dieser Seite des Himmels	A009	19	1 Mann, 2 Frauen	älter werden; betagte Eltern versorgen
Auf einer Autobahnbrücke	A017	19	1 Mann, 1 Frau	Teenager; Einstellungen zu Gott und zu Jesus; andere Religionen; persönlicher Glaube
Aufgegeben	A006	19	2 Männer, 1 Frau	aufgeben; Scheitern
Ausgesprochen gut	A020	19	2 Männer, 2 Frauen	Freundschaft; Spannungen beheben; in Liebe konfrontieren
Besuchszeit	B001	19	2 Männer, 2 Frauen	andere trösten
Bis dass der Tod ...	B005	20	2 Männer, 1 Frau	Tod; Sinn des Lebens nach einem schweren Verlust
Bitte nicht erwähnen	B002	20	2 Männer, 2 Frauen	Arbeitslosigkeit; Ehrlichkeit in Bezug auf negative Gefühle; Gemeinschaft
Blick aus dem Fenster	B003	20	1 Frau, 1 Kind	anstrengende Beziehungen; Herausforderung für Mütter

Titel	Best.-Nr.	Seite	Personen	Themen
Chamäleon	C001	20	3 Männer	Gottes Gegenwart in unserem Leben; Kontrolle über unsere Gefühle
Charakter-Test	C004	20	2 Männer, 1 Frau	Eingebungen; dienen; Ermutigung
Danke fürs Zuhören	D001	21	1 Mann, 1 Frau, 1 männl. u. 1 weibl. Teenager	Familie; Zuhören
Das Geschäft des Lebens	D002	21	2 Männer	Arbeit; Arbeitssucht
Das große Zittern	D003	21	1 Frau	neu im Glauben; Gott gehorchen; den eigenen Glauben bekennen
Das lustige Mädchen	D004	21	1 Mann, 2 Frauen (versch. Rollen für 1 Mann und 1 Frau)	Außenseiter sein; Bedürfnis nach Anerkennung
Das Rendezvous	D019	21	1 Mann, 1 Frau	Ehe; Hochzeitstag
Das Unheil lauert überall	D045	22	3 Männer (davon 1 nur als Stimme)	Angst; extremes Unglück
Das verlorene Opfer	D020	22	2 Männer	Opfermentalität; Verantwortung für eigene Fehler übernehmen
Das Vermächtnis	D021	22	1 Mann, 2 Frauen	Elternschaft; Charakter; Christ und Arbeitswelt; anderen dienen
Das wahre Gesicht	D022	22	1 Mann, 1 Frau	Furcht und Zorn als Kehrseiten einer Medaille; Emotionen; Ehe
Das Wartezimmer	D023	23	2 Männer, 2 Frauen	die Schwierigkeit, Entscheidungen zu fällen; Risiken auf sich nehmen
Das Weihnachtswunder	D024	23	5 Männer, 3 Frauen, 2 Kinder, mehrere Statisten (Frauen und Männer)	Weihachten; dazugehören; Grundlagen des christlichen Glaubens
Der alte Mann und die Waschmaschine	D005	23	1 Mann, 1 Frau, 1 Kind	Loslassen; Trauer; Umgang mit dem Tod
Der Balanceakt	D025	23	5 Männer, 4 Frauen, 1 Erzähler	Lebenstempo; alles unter Kontrolle haben
Der Balanceakt (Weihnachtsversion)	D026	24	5 Männer, 4 Frauen, 1 Erzähler	Lebenstempo; alles unter Kontrolle haben; Feiertagsstress
Der Eindringling	D027	24	1 Mann, 1 Frau	Selbstbild; destruktive Erziehung; Gottes Liebe
Der Flug	D040	24	2 Männer, 2 Frauen 1 Kind	Behinderte
Der Freiwillige	D041	24	3 Männer, 2 Frauen	Mitarbeit; dienen
Der gestohlene Jesus	D028	24	2 Frauen	Weihnachten
Der Ruf der Wildnis	D006	25	1 Mann, 1 Frau	Gott dienen

Titel	Best.-Nr.	Seite	Personen	Themen
Der 27. Dezember	D046	25	1 Mann, 1 Frau	Umgang mit Enttäuschungen; Umgang mit Geld; christliches Leben an Weihnachten
Der Tag X	D029	25	2 Männer, 1 Frau	falsche Vorstellungen über den christlichen Glauben
Der undurchschnittliche Josef	D030	25	2 Männer, 1 Frau	Weihnachten; der Ruf Gottes
Der ungläubige Thomas	D031	26	2 Männer, 2 Frauen	der Wert des Zweifels; Grundlagen des christlichen Glaubens; ehrliches Fragen
Der verlorene Cowboy	D047	26	2 Männer	das »ewiges-Opfer«-Syndrom; andere verurteilen; Verantwortung übernehmen
Die Beladenen	D007	26	4 Männer, 1 Frau, 1 Kind	Gott ehren; ichbezogenes Leben
Die besten Freunde	D008	26	2 Männer, 2 Frauen	Freundschaft; Unsicherheit
Die böse Frau	D009	26	2 Männer, 1 Frau, 1 Erzähler	die Wurzel des Zorns
Die Geschichte von Rachel	D010	26	3 Frauen	Armenfürsorge; anderen vergeben
Die große Frage	D011	27	1 Mann, 1 Frau, 1 Kind	die Existenz Gottes
Die Kollekte	D032	27	3 Männer, 1 Frau	den »Zehnten« geben
Die Kriegerin	D048	27	1 Frau	Gebet; mit Gott durch den Tag gehen
Die Montagabend-Runde	D012	27	4 Männer	neu im Glauben; realistische Erwartungen; Jüngerschaft
Die Natur des Lebens	D013	27	2 Männer, 2 Frauen	Familie, die Wunder der Schöpfung
Die richtige Entscheidung	D014	28	1 Mann	Christliches Handeln vs. berufliches Interesse
Die Spekulanten	D015	28	1 Mann, 2 Frauen	Risiken auf sich nehmen; verpasste Gelegenheiten
Die Stunde des Gebets	D016	28	2 Männer, 1 Frau	Gebet; Heuchelei; Glaube
Die Weihnachtsgeschichte	D033	28	4 Männer, 4 Frauen, 1 Junge, 1 Mädchen	Weihnachten; Familie
Die Zeit vergeht	D034	28	2 Männer, 1 Frau, 1 Mädchen	Verhältnis Eltern-Kinder
Die Zeit vergeht wie im Flug	D049	29	1 Mann, 3 Jungen (8, 12 und 16 Jahre)	Vaterschaft; Eltern
Die Zwangsjacke	D017	29	1 Mann	Gebundenheit duch Sünde und durch unsere Vergangenheit
Draußen	D018	29	1 Frau	Salz und Licht sein; Wie Kirchen manchmal Menschen von Gott entfernen können

Titel	Best.-Nr.	Seite	Personen	Themen
Eiersuche	E019	29	2 Männer, 3 Frauen, 2 Kinder	Ostern
Ein attraktives Geschäft	E015	30	1 Mann, 1 Frau	Treue; Ehe; Verantwortung
Ein Herzstück	E001	30	1 Frau	Gott heilt Herzen; Enttäuschung
Ein Muttertag	E002	30	1 Mann, 2 Frauen	Muttertag
Ein netter Junge	E003	30	1 Mann, 1 Frau	Reue; Verfehlungen zugeben; Sünden der Vergangenheit
Ein wenig anders	E004	30	1 Mann, 2 Frauen	die Unsympathischen lieben; die Geschichte der Menschen, die wir nicht mögen
Eine Stunde am Mittwoch	E005	31	1 Mann, 1 Frau	Ehe; die schädlichen Auswirkungen eines hohen Lebenstempos
Eine wahre Lawine	E016	31	5 Männer, 5 Frauen	Verantwortung; Beziehungen
Eine Zeit der Stille	E006	31	1 Frau	Gebet
Eine zweite Chance	E007	31	3 Männer, 1 Frau	Entscheidungen treffen; eine schwere Wahl; Vater-Sohn-Beziehungen
Einfach nein sagen	E017	31	4 Männer, 2 Frauen	dienen; Familie
Einfach schön	E008	31	2 Männer, 1 Frau	Einstellung zur Bibel
Einkaufen nach Guerilla-Art	E012	32	1 Mann, 3 Frauen, 2 Kinder, Statisten	Weihnachtseinkäufe; Materialismus
Eins nach dem andern	E009	32	1 Mann, 1 Frau, 1 Kind	junge Eltern; Prioritäten; Balance zwischen Kindern und Ehe
Eltern in Rente	E020	32	1 Mann, 1 Frau	elterlicher Ruhestand; Elternschaft; Kinder; erwachsen werden
Erinnerungen	E010	32	1 Mann, 1 Frau	Eltern-Kind-Beziehungen; Vergebung; das fünfte Gebot
Es kommt darauf an	E011	32	3 Männer, 1 Frau	christlicher Lebensstil; falsche Vorstellungen vom christlichen Glauben
Etwas verändern	E021	32	1 Frau	Überforderung
Falsch eingeschätzt	F001	33	2 Männer, 1 Frau	Vatertag; Homosexualität; AIDS
Familienkrach	F002	33	2 Männer, 2 Frauen	Ehe; Kommunikation; unangebrachte Reaktionen
Familienwerte	F003	33	2 Männer, 2 Frauen	Sekten; zerbrochene Familien
Finger weg!	F004	33	1 Mann, 1 Frau	Sexualität, Rendezvous; Versuchung

Titel	Best.-Nr.	Seite	Personen	Themen
Flügge	F008	33	2 Frauen, davon eine im Teenageralter	Umgang mit dem Erwachsenwerden
Flugzeuggespräch	F009	34	2 Männer	über den Glauben reden; Glaube in der Not
Freunde	F005	34	1 Mann, 2 Frauen	Freundschaft; die Wahrheit sagen
Gebetsverblüffung	G006	34	2 Männer, 2 Frauen (übernehmen jeweils mehrere Rollen)	Vaterunser; Gebet; christliche Masken; Glaube im Alltag
Gefangen im Netz	G012	34	1 Mann, 1 Frau	Internet-Sucht; Umgang mit Sexualität
Gegensätze	G016	35	2 Männer, 1 Frau	Verstandesmenschen kontra Gefühlsmenschen; Ehe
Geschlechterkampf	G001	35	1 Mann, 2 Frauen	Sexualität; Romantik; Singledasein; Rendezvous; ethische Fragen
Gespräch auf einer Wiese	G002	35	2 Männer, 2 Frauen	Existenzangst; Sorgen
Getrieben	G007	35	1 Mann, 1 Frau	Arbeitssucht; Ehe
Glaube	G015	35	3 Männer, 1 Frau	Grundlagen des Glaubens
Gleich nach der ASU	G008	35	1 Frau	Menschen wichtig nehmen
Gott, geh weg!	G003	36	2 Männer, 1 Frau	auf Gott hören; Führung von Gott
Gott spielen	G009	36	1 Mann	alternde Eltern; das Recht zu sterben
Grand Canyon	G010	36	1 Mann, 1 Frau	Ehe
Große Erwartungen	G004	36	1 Mann, 2 Frauen	unbeantwortete Gebete
Grund genug?	G005	36	1 Mann, 2 Frauen	Wie wichtig es ist, dass Glaube begründet ist
Guck mal, wer da lauscht	G011	37	1 Mann, 3 Frauen, 1 männl. Stimme	Taufe; neu im Glauben
Herr Hibbs geht in den Zoo	H001	37	3 Männer, 1 Frau, 1 Kind	anderen dienen; Selbstverleugnung; von Gott gebraucht werden
Herr P. I. Nocchio	H002	37	2 Männer o. 1 Frau und 1 Mann	Ehrlichkeit
Herr Pieper geht schlafen	H003	37	1 Mann, 2 Frauen, 1 Kind	Tod; mit der Wahrheit konfrontiert werden
Herr X, Herr Y und Herr Z	H004	37	4 Männer, 1 Frau, 1 Erzähler	Freundschaft; enge Beziehungen
Herzlichen Glückwunsch	H006	38	1 Mann, 2 Frauen, 2 Mädchen	Elternschaft; Ehe

Titel	Best.-Nr.	Seite	Personen	Themen
Herzversagen	H007	38	1 Mann	Geben
Hungrige Kinder	H005	38	1 Mann, 1 Frau, 1 Junge, 1 Mädchen	Elternschaft; gestörte Kommunikation; Ärger; Kontrollmechanismen
»Ich bin«	I014	38	4 Sprecher	Wer ist Jesus Christus?
Ich, ich und Chris	I001	39	2 Männer, 1 Frau	Sexualität; Versuchung; Rendezvous
Ich möchte wissen, was Liebe wirklich ist	I009	39	1 Mann, 2 Frauen, 1 Gitarrist/Sänger	falsche Vorstellungen von Liebe; Opfer als höchster Liebesbeweis
Ich werde dich immer lieben	I013	39	3 Männer, 3 Frauen	Familie; Vaterschaft; Liebe
Ich werde etwas verändern	I012	39	6 Männer, 1 Frau	Selbstbild; Veränderung
Ich will nicht länger gegen dich kämpfen	I002	39	1 Frau	Unsere Beziehung zu Gott; Gott die Lenkung unseres Lebens überlassen
Im Falle eines Falles	I003	39	1 Mann, 1 Frau	Vertrauen in Gott; Gottes Allmacht
Im Schlaraffenland	I004	40	3 Männer, 1 Frau	Schmerz
Im Spiegelbild	I005	40	1 Mann, 1 Frau, 1 Stimme	Materialismus; Arbeitssucht; Streben
Imbiss	I006	40	3 Frauen	Mutterschaft; Familienbeziehungen; Ehrlichkeit
In der Dunkelheit	I007	40	1 Mann, 1 Frau	Tod eines Kindes; Trauer
In Freud und Leid	I008	40	1 Mann, 1 Frau	Beziehung zwischen Ehepartnern
Interview	I015	40	2 Männer, 2 Frauen (in mehreren Rollen)	Kirchenbesuche; oberflächliche Spiritualität; Relevanz der Kirche
Ist da noch mehr?	I011	41	1 Mann, 1 Frau	Sinn des Lebens
Ist denn »Nichts« heilig?	I016	41	mind. 7 Männer	Evolution; Schöpfung; moderne Wissenschaften
Jeder ist ein Meisterwerk	J001	41	1 Mann, 1 Frau, 2 Teenagermädchen	Selbstbild; Elternschaft
Jederzeit?	J002	41	1 Mann	sich Zeit für Gott nehmen
Jemand muss es tun	J003	41	1 Mann, 1 Frau	geistliche Gaben; dienen
Kanzelrede	K001	42	3 Männer, 2 Frauen	Einleitung in die Bergpredigt; stereotype Kirchenerlebnisse; wie spricht Gott zu uns?
Karwoche	K004	42	1 Mann, 2 Frauen	Karwoche; Palmsonntag; Auferstehung; Ostern

Titel	Best.-Nr.	Seite	Personen	Themen
Kaufen Sie eins und Sie bekommen eins gratis	K005	42	1 Mann, 1 Frau	die Freude am Geben
Kein Unfall	K006	42	2 Frauen	Vergebung; Feindesliebe; Christus ähnlicher werden
Kein Vergnügen	K002	43	2 Männer, 2 Frauen	christlicher Lebensstil; Missverständnisse gegenüber dem Glauben
Keine Störung	K003	43	1 Mann	Stille Zeit; Gebet
Kleingruppen-Alptraum	K007	43	3 Männer, 3 Frauen	Kleingruppen
Lass mich los!	L001	43	2 Frauen	Elternschaft; erwachsene Kinder loslassen lernen
Lebenslinie	L002	43	1 Mann, 2 Frauen, Kleinkind (kein Text)	Mitarbeit in der Gemeinde; Leben in der Gemeinschaft; Alter
Mars und Venus	M005	44	1 Mann, 1 Frau	Ehe; Heirat
Mission Possible	M008	44	1 Mann, 1 Frau, 2 Jungen	Vater-Sohn-Beziehungen; Vatertag; Elternschaft
Mitgefangen – Mitgehangen	M001	44	1 Mann, 1 Frau	Ehe
Müde, wenn man gebraucht wird	M009	44	1 Mann, 1 Frau	ausgebrannt sein; Nein sagen können; Privatsphäre
Mütter und Töchter	M010	44	2 Frauen	Muttertag; Elternschaft
Mütterliche Maßstäbe	M002	45	3 Frauen	Muttertag; Konkurrenzdenken unter Frauen
Neulich im Fitnesscenter	N001	45	2 Frauen	Zeugnis geben; einen Unterschied machen; Beziehungen knüpfen
Nichts ist umsonst	N002	45	1 Mann, 1 Frau	Gnade; Geschenke
Nie wieder im Mutterleib	N003	45	1 Mann, 1 Frau	die Welt, der sich Kinder gegenübersehen; Angst vor dem Unbekannten
Nur mal so …	N004	46	1 Mann, 1 Frau	die Augen unter Kontrolle halten; Reinheit der Gedanken
Nur wir beide	N005	46	1 Mann, 2 Frauen	Unfruchtbarkeit; unbeantwortetes Gebet
Ohne dich kann ich nicht leben	O001	46	2 Männer, 2 Frauen	Beziehungen; bedingungslose Liebe
Paradiesische Zeiten	P001	46	1 Mann, 1 Frau	die New-Age-Bewegung

Titel	Best.-Nr.	Seite	Personen	Themen
Pastor General	P002	46	2 Männer, 2 Frauen	geistliche Leiterschaft
Powertrip	P004	47	1 Mann, 3 Frauen	Arbeit; Stress; Charakter
Qualitätszeit	Q001	47	1 Mann, 1 Frau, 2 Teenagermädchen	Väter
Realitätstherapie	R004	47	2 Männer, 2 Frauen	Beziehungen; liebevoller Umgang; Ehe
Rein technisch	R001	47	1 Mann, 1 Frau	Zusammenleben kontra Ehe; die »Kosten« des Glaubens
Richard 1992	R002	47	2 Männer, 1 Frau	Vater-Sohn-Beziehung; Scheidungskinder
Sag es doch	S001	48	2 Männer, 1 Frau	Kommunikation in der Ehe; wie wichtig es ist, »Ich liebe dich« zu sagen
Schon wieder ein neues Jahr	S009	48	2 Männer, 1 Frau	gute Vorsätze
Schritt für Schritt	S002	48	1 Frau	Selbsttäuschung; Sündenbekenntnis
Schwesterliebe	S010	48	2 Frauen	Zerbrochene Familien
Security-Check	S003	48	1 Mann, 1 Frau, 1 Stimme auf Tonband	Erlösung; Werke kontra Gnade
Seeleute mit Leib und Seele	S004	49	1 Mann, 1 Frau, 7 Männer o. Frauen	Freude; Missverständnisse über den christlichen Glauben
Sehen ist glauben	S005	49	1 Mann, 1 Frau, 1 Erzähler	ein Retter, dem man vertrauen kann; die Leere eines leichten Glaubens
Single?	S006	49	1 Mann, 1 Frau	Singledasein; Einsamkeit; Angst vor dem Alleinsein
»So ist er eben«	S013	49	3 Männer, 3 Frauen	in Liebe konfrontieren; Freundschaft; Ehe; Charakterfehler
Spiel's noch einmal, Johannes	S014	49	1 Mann, 1 Frau	Sehnsucht nach der zweiten Chance; richtige Entscheidungen
Sprich mit mir	S007	50	1 Mann, 1 Frau	Kommunikation und Sex in der Ehe
Stippvisite	S008	50	3 Frauen	Beziehungen wiederbeleben; Verletzungen in der Familie ansprechen
Und jetzt?	U001	50	2 Männer, 4 Frauen	Umgang mit Krisen; Umgang mit Tod
Unter Druck	U002	50	1 Mann, 1 Frau	Selbstbild; Scheitern; Vergebung
Unterhaltungen	U003	50	2 Männer, 1 Frau, 1 weibl. Stimme	Selbstbild; Selbstkritik; Scheitern

Titel	Best.-Nr.	Seite	Personen	Themen
Vergebung	V004	51	2 Frauen	anderen vergeben; Gottes Vergebung
Verkaufstüchtig	V001	51	3 Männer, 2 Frauen	Gesellschaft und Sex; Medieneffekte
Verzeihung	V002	51	1 Mann, 1 Frau	einander vergeben
Vorher – Nachher	V003	51	1 Mann, 2 Frauen	christlicher Lebensstil; Umgang mit Versuchungen
Warte bis zur Halbzeit	W001	51	1 Mann, 1 Frau	Evangelisation; Himmel und Hölle
Warten?	W002	52	2 Männer	Midlife-Krise; Druck am Arbeitsplatz; Suche nach Bedeutung
Was für ein Gefühl	W003	52	2 Männer, 1 Frau	Entscheidungsfindung
Weil ich dich liebe	W004	52	1 Mann, 1 Frau	die Konsequenzen von Sünde; Ehebruch
Wenn Vater wüsste	W005	52	2 Männer, 1 Frau	Vatertag; Väter, die Angst haben, sich zu engagieren
Wie man sich kleidet ...	W006	52	1 Mann, 2 Frauen	Erziehung; Kinder ihre eigenen Entscheidungen treffen lassen
Wir vertrauen auf ...	W007	53	1 Mann	Familienbeziehungen
Wo kann ich helfen?	W010	53	6 Frauen	den Bedürftigen helfen; nicht aufgeben; Umgang mit schwierigen Menschen
Wunderbar gemacht	W011	53	1 Mann, 1 Frau, 1 Kind, 1 Erzähler, 1 männl. Stimme	Elternschaft; Selbstachtung; die Einzigartigkeit des Menschen
Wunschzettel	W008	53	2 Männer, 2 Frauen, 1 Mädchen	Gier; Anhäufung von Besitz
»10«	Z001	54	3 Männer, 2 Frauen	das erste Gebot
Zu meiner Zeit	Z002	54	1 Person oder 11 Personen	Veränderung; Gemeinde

Thematisches Titelverzeichnis

	Best.-Nr.	Seite
ANDEREN DIENEN		
Auf dem Zaun	A019	18
Charakter-Test	C004	20
Das Vermächtnis	D021	22
Der Freiwillige	D041	24
Der 27. Dezember	D046	25
Die Kriegerin	D048	27
Die richtige Entscheidung	D014	28
Einfach nein sagen	E017	31
Etwas verändern	E021	32
Herr Hibbs geht in den Zoo	H001	37
Herzversagen	H007	38
Ich möchte wissen …	I009	39
Jemand muss es tun	J003	41
Kaufen Sie eins …	K005	42
Kein Unfall	K006	42
Mission Possible	M008	44
Müde, wenn man …	M009	44
Realitätstherapie	R004	47
Wo kann ich helfen?	W010	53
Zu meiner Zeit	Z002	54
ANGST		
Auf dem Zaun	A019	18
Charakter-Test	C004	20
Das Unheil lauert überall	D045	22
Das wahre Gesicht	D022	22
Das Wartezimmer	D023	23
Flugzeuggespräch	F009	34
Gegensätze	G016	35
Gespräch auf einer Wiese	G002	35
Herr Pieper geht schlafen	H003	37
Interview	I015	40
Single?	S006	49
Und jetzt?	U001	50
BLICK IN DIE EWIGKEIT		
Gegensätze	G016	35
Warte bis zur Halbzeit	W001	51
CHARAKTER		
Allein an der Spitze	A001	17
Auf einer Autobahnbrücke	A017	19
Aufgegeben	A006	19
Ausgesprochen gut	A020	19

	Best.-Nr.	Seite
Chamäleon	C001	20
Charakter-Test	C004	20
Das Unheil lauert überall	D045	22
Das verlorene Opfer	D020	22
Das Vermächtnis	D021	22
Das wahre Gesicht	D022	22
Das Wartezimmer	D023	23
Der verlorene Cowboy	D047	26
Die Kriegerin	D048	27
Ein attraktives Geschäft	E015	30
Gefangen im Netz	G012	34
Herr P. I. Nocchio	H002	37
Ich werde etwas verändern	I012	39
Im Schlaraffenland	I004	40
Kein Unfall	K006	42
Mission Possible	M008	44
Powertrip	P004	47
Realitätstherapie	R004	47
Schon wieder ein neues Jahr	S009	48
Schritt für Schritt	S002	48
»So ist er eben«	S013	49
Wir vertrauen auf …	W007	53
Wo kann ich helfen?	W010	53
CHRIST UND ARBEITSWELT		
Arbeit ist das halbe Leben	A018	18
Das Geschäft des Lebens	D002	21
Das große Zittern	D003	21
Das Vermächtnis	D021	22
Die Kriegerin	D048	27
Die richtige Entscheidung	D014	28
Eine Stunde am Mittwoch	E005	31
Etwas verändern	E021	32
Ich werde etwas verändern	I012	39
Im Spiegelbild	I005	40
Powertrip	P004	47
Wo kann ich helfen?	W010	53
CHRISTLICHER LEBENSSTIL		
Anprobe	A005	18
Auf dem Zaun	A019	18
Auf einer Autobahnbrücke	A017	19
Aufgegeben	A006	19
Ausgesprochen gut	A020	19
Charakter-Test	C004	20

	Best.-Nr.	Seite		Best.-Nr.	Seite
Das Unheil lauert überall	D045	22	Die Natur des Lebens	D013	27
Das wahre Gesicht	D022	22	Die Spekulanten	D015	28
Der Eindringling	D027	24	Die Zeit vergeht	D034	28
Der Flug	D040	24	Die Zeit vergeht wie im Flug	D049	29
Der 27. Dezember	D046	25	Ein attraktives Geschäft	E015	30
Der Tag X	D029	25	Eine Stunde am Mittwoch	E005	31
Die besten Freunde	D008	26	Eine zweite Chance	E007	31
Die Geschichte von Rachel	D010	26	Eins nach dem andern	E009	32
Die Kriegerin	D048	27	Eltern in Rente	E020	32
Die Montagabend-Runde	D012	27	Erinnerungen	E010	32
Die Stunde des Gebets	D016	28	Familienkrach	F002	33
Die Zeit vergeht wie im Flug	D049	29	Familienwerte	F003	33
Eine Stunde am Mittwoch	E005	31	Flügge	F008	33
Eine wahre Lawine	E016	31	Gefangen im Netz	G012	34
Es kommt darauf an	E011	32	Gegensätze	G016	35
Etwas verändern	E021	32	Getrieben	G007	35
Finger weg!	F004	33	Grand Canyon	G010	36
Flugzeuggespräch	F009	34	Herzlichen Glückwunsch	H006	38
Gebetsverblüffung	G006	34	Hungrige Kinder	H005	38
Gespräch auf einer Wiese	G002	35	Ich werde dich immer lieben	I013	39
Guck mal, wer da lauscht	G011	37	Ich will nicht länger …	I002	39
Herzversagen	H007	38	Imbiss	I006	40
Im Falle eines Falles …	I003	39	In Freud und Leid	I008	40
Imbiss	I006	40	Jeder ist ein Meisterwerk	J001	41
Interview	I015	40	Lass mich los!	L001	43
Kein Unfall	K006	42	Mission Possible	M008	44
Kein Vergnügen	K002	43	Mitgefangen – mitgehangen	M001	44
Keine Störung	K003	43	Mütter und Töchter	M010	44
Kleingruppen-Alptraum	K007	43	Nie wieder im Mutterleib	N003	45
Mission Possible	M008	44	Nur mal so …	N004	46
Müde, wenn man …	M009	44	Nur wir beide	N005	46
Nur mal so …	N004	46	Realitätstherapie	R004	47
Realitätstherapie	R004	47	Richard 1992	R002	47
Rein technisch	R001	47	Sag es doch	S001	48
Seeleute mit Leib und Seele	S004	49	»So ist er eben«	S013	49
			Sprich mit mir	S007	50
EHE/FAMILIE			Stippvisite	S008	50
Abwesend	A007	17	Weil ich dich liebe	W004	52
Alles eine Frage …	A008	17	Wie man sich kleidet…	W006	52
Alles verdreckt	A002	17	Wir vertrauen auf …	W007	53
Anprobe	A005	18			
Arbeit ist das halbe Leben	A018	18	**EINWÄNDE GEGEN DEN CHRISTLICHEN**		
Auf dieser Seite des Himmels	A009	19	**GLAUBEN**		
Bis dass der Tod …	B005	20	Alles, nur keine Religion	A003	18
Blick aus dem Fenster	B003	20	Auf einer Autobahnbrücke	A017	19
Danke fürs Zuhören	D001	21	Der Eindringling	D027	24
Das Rendezvous	D019	21	Die große Frage	D011	27
Das verlorene Opfer	D020	22	Einfach schön	E008	31
Das wahre Gesicht	D022	22	Gott, geh weg!	G003	36
Der Eindringling	D027	24	Grund genug?	G005	36
Der 27. Dezember	D046	25	Im Falle eines Falles …	I003	39
Der verlorene Cowboy	D047	26	Interview	I015	40

13

	Best.-Nr.	Seite
Kein Vergnügen	K002	43
Paradiesische Zeiten	P001	46
Seeleute mit Leib und Seele	S004	49

ETHIK UND SOZIALES

	Best.-Nr.	Seite
Abwesend	A007	17
Auf dieser Seite des Himmels	A009	19
Der Flug	D040	24
Der gestohlene Jesus	D028	24
Die Geschichte von Rachel	D010	26
Die Kriegerin	D048	27
Ein netter Junge	E003	30
Etwas verändern	E021	33
Falsch eingeschätzt	F001	33
Gott spielen	G009	36
Herr P. I. Nocchio	H002	37
Ich, ich und Chris	I001	39
Kein Unfall	K006	42
Nur mal so …	N004	46
Ohne dich kann ich …	O001	46
Rein technisch	R001	47
Verkaufstüchtig	V001	51
Verzeihung	V002	51
Weil ich dich liebe	W004	52
Wo kann ich helfen?	W010	53
»10«	Z001	54

EVANGELISATION

	Best.-Nr.	Seite
Auf einer Autobahnbrücke	A017	19
Draußen	D018	29
Eine wahre Lawine	E016	31
Flugzeuggespräch	F009	34
Grund genug?	G005	36
Neulich im Fitnesscenter	N001	45
Security-Check	S003	48
Sehen ist Glauben	S005	49
Warte bis zur Halbzeit	W001	51
Zu meiner Zeit	Z002	54

FEIERTAGE

Ostern und Karfreitag

	Best.-Nr.	Seite
Allein an der Spitze	A001	17
Eiersuche	E019	29
Karwoche	K004	42

Muttertag

	Best.-Nr.	Seite
Blick aus dem Fenster	B003	20
Ein Muttertag	E002	30
Imbiss	I006	40
Mütter und Töchter	M010	44
Mütterliche Maßstäbe	M002	45

Vatertag

	Best.-Nr.	Seite
Falsch eingeschätzt	F001	33
Qualitätszeit	Q001	47

Weihnachten

	Best.-Nr.	Seite
Das Weihnachtswunder	D024	23
Der Balanceakt	D026	24
Der gestohlene Jesus	D028	24
Der 27. Dezember	D046	25
Der undurchschnittliche …	D030	25
Die Weihnachtsgeschichte	D033	28
Einkaufen nach Guerilla-Art	E012	32
Wunschzettel	W008	53

FINANZEN

	Best.-Nr.	Seite
Arbeit ist das halbe Leben	A018	18
Die Kollekte	D032	27
Einkaufen nach Guerilla-Art	E012	32
Gespräch auf einer Wiese	G002	35
Herzversagen	H007	38
Kaufen Sie eins …	K005	42
Was für ein Gefühl	W003	52
Wunschzettel	W008	53

GEBET

	Best.-Nr.	Seite
Charakter-Test	C004	20
Die Kriegerin	D048	27
Die Stunde des Gebets	D016	28
Eine Zeit der Stille	E006	31
Flugzeuggespräch	F009	34
Gebetsverblüffung	G006	34
Keine Störung	K003	43
Nur wir beide	N005	46

GOTTESBILD

	Best.-Nr.	Seite
Auf einer Autobahnbrücke	A017	19
Der Tag X	D029	25
»Ich bin«	I014	38
Interview	I015	40
Karwoche	K004	42
Sehen ist Glauben	S005	49
»10«	Z001	54

GRUNDLAGEN DES CHRISTLICHEN GLAUBENS

	Best.-Nr.	Seite
Auf einer Autobahnbrücke	A017	19
Ausgesprochen gut	A020	19
Das Weihnachtswunder	D024	23
Der ungläubige Thomas	D031	26
Die Beladenen	D007	26
Die große Frage	D011	27
Draußen	D018	29

	Best.-Nr.	Seite
Eiersuche	E019	29
Ein Herzstück	E001	30
Einfach schön	E008	31
Es kommt darauf an	E011	32
Glaube	G015	35
Grund genug?	G005	36
»Ich bin«	I014	38
Interview	I015	40
Ist da noch mehr?	I011	41
Ist denn »Nichts« heilig?	I016	41
Kanzelrede	K001	42
Karwoche	K004	42
Nichts ist umsonst	N002	45
Wunderbar gemacht	W011	53
»10«	Z001	54

LEBENSTEMPO

	Best.-Nr.	Seite
Der Balanceakt	D025	23
Der 27. Dezember	D046	25
Die besten Freunde	D008	26
Eine Stunde am Mittwoch	E005	31
Eltern in Rente	E020	32
Getrieben	G007	35
Im Spiegelbild	I005	40
Powertrip	P004	47
Schon wieder ein neues Jahr	S009	48

NEU IM GLAUBEN

	Best.-Nr.	Seite
Auf einer Autobahnbrücke	A017	19
Das große Zittern	D003	21
Der Eindringling	D027	24
Der Tag X	D029	25
Die Montagabend-Runde	D012	27
Guck mal, wer da lauscht	G011	37
Vorher – Nachher	V003	51

RENDEZVOUS

	Best.-Nr.	Seite
Finger weg!	F004	33
Geschlechterkampf	G001	35
Ich, ich und Chris	I001	39
Rein technisch	R001	47
Single?	S006	49

SCHWIERIGE LEBENSUMSTÄNDE

	Best.-Nr.	Seite
Auf dieser Seite des Himmels	A009	19
Bis dass der Tod ...	B005	20
Charakter-Test	C004	20
Das verlorene Opfer	D020	22
Das Wartezimmer	D023	23
Der verlorene Cowboy	D047	26
Eltern in Rente	E020	32
Gespräch auf einer Wiese	G002	35

	Best.-Nr.	Seite
Große Erwartungen	G004	36
Im Schlaraffenland	I004	40
In der Dunkelheit	I007	40
Mission Possible	M008	44
Spiel's noch einmal ...	S014	49
Und jetzt?	U001	50
Vorher – Nachher	V003	51
Was für ein Gefühl	W003	52
Wunderbar gemacht	W011	53

SELBSTBILD

	Best.-Nr.	Seite
An einer Bushaltestelle	A004	18
Das lustige Mädchen	D004	21
Der Eindringling	D027	24
Die Zwangsjacke	D017	29
Ich werde etwas verändern	I012	39
Jeder ist ein Meisterwerk	J001	41
Pastor General	P002	46
»So ist er eben«	S013	49
Unter Druck	U002	50
Unterhaltungen	U003	50

UNSERE BEZIEHUNG ZU GOTT

	Best.-Nr.	Seite
An einer Bushaltestelle	A004	18
Auf einer Autobahnbrücke	A017	19
Der alte Mann ...	D005	23
Der undurchschnittliche ...	D030	25
Die Beladenen	D007	26
Die Kriegerin	D048	27
Die Stunde des Gebets	D016	28
Die Zwangsjacke	D017	29
Ein Herzstück	E001	30
Ein Muttertag	E002	30
Flugzeuggespräch	F009	34
Gott, geh weg!	G003	36
Grund genug?	G005	36
Ich will nicht länger ...	I002	39
Im Falle eines Falles ...	I003	39
Interview	I015	40
Jederzeit?	J002	41
Nichts ist umsonst	N002	45
Wunderbar gemacht	W011	53

VERGEBUNG/SCHULD

	Best.-Nr.	Seite
Ausgesprochen gut	A020	19
Das verlorene Opfer	D020	22
Der verlorene Cowboy	D047	26
Ein netter Junge	E003	30
Kein Unfall	K006	42
Unter Druck	U002	50
Vergeben	V004	51
Weil ich dich liebe	W004	52

ZWISCHENMENSCHLICHE BEZIEHUNGEN

Titel	Best.-Nr.	Seite
Alles eine Frage …	A008	17
Auf dieser Seite des Himmels	A009	19
Ausgesprochen gut	A020	19
Bis dass der Tod …	B005	20
Bitte nicht erwähnen!	B002	20
Charakter-Test	C004	20
Das wahre Gesicht	D022	22
Der Flug	D040	24
Die böse Frau	D009	26
Die Zwangsjacke	D017	29
Eine wahre Lawine	E016	31
Eine zweite Chance	E007	31
Flügge	F008	33
Freunde	F005	34
Gleich nach der ASU	G008	35
Herr X, Herr Y und Herr Z	H004	37
Ich möchte wissen …	I009	39
Ich werde dich immer lieben	I013	39
Ich will nicht länger …	I002	39
In der Dunkelheit	I007	40
Lebenslinie	L002	43
Mission Possible	M008	44
Mütter und Töchter	M010	44
Neulich im Fitneßcenter	N001	45
Ohne dich kann ich …	O001	46
Realitätstherapie	R004	47
Richard 1992	R002	47
Sag es doch	S001	48
Schritt für Schritt	S002	48
Schwesterliebe	S010	48
»So ist er eben«	S013	49
Sprich mit mir	S007	50
Stippvisite	S008	50
Wir vertrauen auf …	W007	53
Wunderbar gemacht	W011	53

Kurzbeschreibung der Theaterstücke

ABWESEND von Donna Lagerquist
Best.-Nr.: A007
Drei Generationen der Familie Elsberg posieren für ein Foto für die Gemeinde-Mitgliederliste. Von Zeit zu Zeit friert die Szene ein und eine Person spricht zum Publikum. Marlene ist die Matriarchin. Sie hat miterlebt, wie ihr Sohn Johannes zum erfolgreichen Geschäftsmann wurde, obwohl sie ihn alleine aufgezogen hat, nachdem ihr Mann im Krieg gefallen war. Ihr Sohn Johannes arbeitet hart und wünscht sich, dass die Familie seine Bemühungen besser würdigen würde. Das kostet ihn schließlich seine Ehe. Willi, sein Sohn aus dieser Ehe, ist der typische Vertreter der Generation X. Er ist zynisch, hat kein Ziel und will um keinen Preis so werden wie sein Vater. Nach dem Fototermin möchte Marlene, dass auch die Namen ihrer ehemaligen Schwiegertochter und ihrer Enkelin zusammen in das Mitgliederverzeichnis aufgenommen werden. Aber sie ist die Einzige, die zur Kirche geht – alle anderen glänzen durch Abwesenheit.
Angeschnittene Themen: Generationskonflikte; die Probleme der Kirche, die Generation X zu erreichen
Schauspieler: 3 Männer, 1 Frau
Predigttitel-Vorschlag: Der schöne Schein; Wenn Familien zerbrechen

ALLEIN AN DER SPITZE von Judson Poling
Best.-Nr.: A001
Ein offensichtlich überarbeiteter römischer Politiker wird an einem Sonntag von Vertretern eines »politischen Aktionskomitees« um einen Termin gebeten. Es gelingt ihm, sie noch ein wenig hinzuhalten. In einem Monolog berichtet der Politiker dem Publikum über seinen Beruf, über diverse Interessengruppen, die ihn für ihre Zwecke missbrauchen wollen – und über einen Mann, den er auf Verlangen – aus nationalen Gründen – dieses Aktionskomitees vor zwei Tagen hat hinrichten lassen und der in seinen Augen doch eigentlich harmlos war. Als er hinausgeht, erkennen wir, dass Pilatus – denn um ihn handelt es sich hier – herausfinden wird, dass Jesus wieder auferstanden ist.
Angeschnittene Themen: Gefahren der Macht; die Notwendigkeit von göttlicher Hilfe und Unterstützung; Auferstehung von Jesus Christus
Schauspieler: 1 Mann
Predigttitel-Vorschlag: Das größte Ereignis in der Geschichte

ALLES EINE FRAGE DER PERSPEKTIVE von Judson Poling
Best.-Nr.: A008
Ein erschöpfter Ehemann kommt am Ende eines Arbeitstages nach Hause zu seiner nicht weniger erschöpften Frau. Schon nach wenigen Augenblicken führen ihre Erschöpfung und ihre unerfüllten Bedürfnisse zu einem heftigen, aber komischen Wortwechsel. Die Szene friert ein; ein Eheberater erscheint und erklärt, dass er gerne von jedem der beiden Ehepartner die Situation aus seiner Sicht hören möchte. Die Szene wird zweimal gespielt, jeweils aus der Sicht eines Ehepartners. Es ist kaum zu glauben, dass in beiden Szenen dieselbe Situation dargestellt wird.
Angeschnittene Themen: Ehe; die Wahrheit sagen
Schauspieler: 1 Mann, 1 Frau, wahlweise 1 Mann/1 Frau
Predigttitel-Vorschlag: Das Feuer der Ehe anfachen; Konflikte meistern; Mensch, ärgere dich nicht

ALLES VERDRECKT von Judson Poling
Best.-Nr.: A002
Jennifer flüchtet fünfzehn Minuten vor ihrer Trauung, aus Angst vor diesem bedeutsamen Schritt. Sie setzt sich auf die Bank einer Bushaltestelle und unterhält sich mit einem alten Mann. Dieser hilft ihr, ihre Furcht vor der Hochzeit zu verstehen, indem er sie dazu bringt, ihm ihre Kindheitsgeschichte zu erzählen. Sie berichtet, dass sie mit zwölf Jahren entdeckte, dass ihr Vater ein Verhältnis hatte. Dies zerstörte ihr Vertrauen in Männer. Nun fragt sie sich, ob sie ihrem Verlobten vertrauen kann. Der alte Mann ermutigt sie, ihren Verlobten so zu sehen, wie er ist, und nicht, wie ihr Vater war.
Angeschnittene Themen: Ehebruch, Umgang mit früheren Verletzungen; der Schmerz, den Lügen verursachen

Schauspieler: 1 Mann, 1 Frau, 1 männliche Stimme aus dem Hintergrund
Predigttitel-Vorschlag: Das siebte Gebot; Let's talk about Sex

ALLES, NUR KEINE RELIGION
von Sharon Sherbondy
Best.-Nr.: A003

Helen und Frank sind auf dem Weg zu ihrer Tochter Klara und deren Mann Bernhard. Beide Ehepaare hoffen, einen »schönen« Abend zu verleben, ahnen jedoch, dass dies unwahrscheinlich ist, da die vergangenen Besuche meist im Streit über die jeweilige Religionszugehörigkeit endeteten. Der Grund dafür: Helen und Frank sind katholisch, Klara hat die katholische Kirche verlassen und wurde protestantisch wie ihr Ehemann. Das Theaterstück zeigt ganz ehrlich die Missverständnisse und verletzten Gefühle, die aus familiären Spannungen dieser Art resultieren.

Angeschnittene Themen: Unterschiede zwischen Denominationen; Religion als Ursache für Entfremdung innerhalb von Familien
Schauspieler: 2 Männer, 2 Frauen
Predigttitel-Vorschlag: Was Katholiken von Protestanten lernen können, und umgekehrt

AN EINER BUSHALTESTELLE
von Judson Poling
Best.-Nr.: A004

Eine moderne Erzählung der »Frau am Jakobsbrunnen« aus Johannes 4. Eine Prostituierte trifft an einer Bushaltestelle einen Fremden. Dieser ist nicht nur sehr freundlich zu ihr, sondern fragt sie auch, ob sie ihm einen Schluck zu trinken geben kann. Sie ist sehr erstaunt, als er sie wie einen Menschen behandelt und nicht wie eine Prostituierte. Ihr Erstaunen wächst, als der Fremde von sich behauptet, Jesus zu sein. Auch wenn sie skeptisch ist, überzeugt sie seine Fähigkeit, so viele Details aus ihrem Leben zu beschreiben, davon, dass er real ist. Als er sie verlässt, drückt sie zögernd ihren Wunsch aus, sich wieder einmal mit ihm zu unterhalten.

Angeschnittene Themen: Unsere Beziehungen zu Gott; Selbstbild
Schauspieler: 1 Mann, 1 Frau
Predigttitel-Vorschlag: Private Unterhaltungen – Jesus unterhält sich mit einem Sünder

ANPROBE von Donna Lagerquist
Best.-Nr.: A005

Paula ist Christ, ihr Ehemann Martin jedoch nicht. Beim Einkaufen treffen sie ihre Freundin Conny, die Paula ganz begeistert erzählt, dass sich ihr Sohn gerade bekehrt hat. Nachdem sie weggegangen ist, entbrennt zwischen Paula und Martin eine hitzige Debatte, weil Martin Paulas Begeisterung für geistliche Dinge nicht teilen kann. Er weiß, dass sie mit ihm, so wie er ist, nicht glücklich ist, und sie weiß, dass er sich über ihre Veränderung ärgert. Beide sind frustriert, dass, obwohl sie sich lieben, ein wesentlicher Bereich ihres Lebens ein ständiger wunder Punkt ist.

Angeschnittene Themen: Ehe; geliebter Nichtchrist; Evangelisation
Schauspieler: 1 Mann, 2 Frauen
Predigttitel-Vorschlag: Ehe ist Arbeit; Überleben, auch wenn man geistlich nicht zusammenpasst

ARBEIT IST DAS HALBE LEBEN
von Mark Demel
Best.-Nr.: A018

Tim, ein frisch gebackener Doktor, unterhält sich während eines Grillfestes mit seiner Mutter. Als sie auf seine Arbeit zu sprechen kommen, zeigt sie sich beunruhigt, dass er immer noch keinen Job gefunden hat. Aber Tim verteidigt sich. Er will den richtigen Job finden und nicht den erstbesten annehmen. Sein Vater hat hart gearbeitet, obwohl er seine Arbeit nicht mochte, aber Tim will sich nicht quälen. In diesem Moment tritt sein Vater ein – was eine peinliche Stille verursacht. Dieser verteidigt, was er getan hat, um die Familie zu ernähren, gibt aber auch zu, dass er sich so manches Mal danach gesehnt hat, etwas zu tun, das ihm auch Spaß gemacht hätte. Dazu hätte er aber ein Risiko eingehen müssen. Am Ende drückt Tim Bewunderung für die Opfer seines Vaters aus, die seine Karriere jetzt erst ermöglichen.

Angeschnittene Themen: Den richtigen Beruf suchen, Opfer der Eltern für ihre Kinder
Schauspieler: 2 Männer, 1 Frau
Predigttitel-Vorschlag: Vater und Sohn; Wie der Vater so der Sohn; Willkommen in der Realität!

AUF DEM ZAUN von Donna Lagerquist
Best.-Nr.: A019

Ein Mann sitzt auf einem Zaun. In eingespielten Rückblenden erfährt man, dass sein ganzes Leben bislang daraus bestand, sich

Chancen offen zu halten und Zugeständnisse zu vermeiden. Als kleiner Junge verschrieb er sich nie einer bestimmten Sportart. Als junger Mann wagte er es nicht, die Frau seiner Träume zu heiraten. Jetzt will er sich nicht in der Kirche engagieren.

Schließlich bleibt er da, wo er sein ganzes Leben lang war: auf dem Zaun seines Lebens, unerfüllt und alleine.

Angeschnittene Themen: Unentschlossenheit; Mitarbeit in der Gemeinde; Entscheidung zum Christsein
Schauspieler: 4 Männer, 1 Frau
Predigttitel-Vorschlag: Morgen ist auch noch ein Tag; Nur nicht festlegen

AUF DIESER SEITE DES HIMMELS
von Sharon Sherbondy
Best.-Nr.: A009

Da ihr Vater gestürzt ist und sich verletzt hat, ringt sich Annie dazu durch, ihn in ein Altenheim zu bringen. Sie ist fest davon überzeugt, dass es Zeit ist, ihn an einem Ort unterzubringen, an dem er intensiver betreut werden kann. Er schimpft jedoch über diese Veränderung. Er hat das Gefühl, ihr zur Last zu fallen – es ist nicht leicht, alt zu werden. Seine Tochter erklärt ihm liebevoll, wie sehr sie ihn liebt und dass er für sie keine Last ist.

Angeschnittene Themen: älter werden; betagte Eltern versorgen
Schauspieler: 1 Mann, 2 Frauen
Predigttitel-Vorschlag: Wie lebe ich mit meinen Eltern, ohne durchzudrehen?; Alt werden – und dann?

AUF EINER AUTOBAHNBRÜCKE
von Eric Wehrlin und Eva-Maria Admiral
Best.-Nr.: A017

Klaus und Claudia, zwei Teenager im flirtfähigen Alter, stehen an einem Freitagabend auf einer Autobahnbrücke. Während Claudia von sich und ihrem Horoskop erzählt, ist es Klaus unangenehm, etwas über sich und Jesus herauszurücken. Claudia ist ganz überrascht, dass er sich über so etwas Gedanken macht.

Angeschnittene Themen: Teenager; Einstellungen zu Gott; Jesus; andere Religionen; persönlicher Glaube; Evangelisation
Schauspieler: 1 Mann, 1 Frau
Predigttitel-Vorschlag: Der Fall Jesus; Wozu das Ganze?

AUFGEGEBEN von Judson Poling
Best.-Nr.: A006

Matthias ist seit sieben Monaten arbeitslos, was ihm große Probleme bereitet. Um seine Frau zu beruhigen, beschließt er, ihr zu erzählen, dass er eine neue Arbeitsstelle gefunden hat. Während seine Frau nun glaubt, dass er arbeitet, streift er seit einer Woche von 9 bis 17 Uhr im Einkaufszentrum herum. Als die Wahrheit ans Licht kommt, müssen sich Matthias und alle anderen mit der Tatsache auseinander setzen, dass er aufgegeben hat, eine neue Arbeitsstelle zu finden.

Angeschnittene Themen: Aufgeben; Scheitern
Schauspieler: 2 Männer, 1 Frau
Predigttitel-Vorschlag: Jeder kann aufgeben

AUSGESPROCHEN GUT von Sharon Sherbondy
Best.-Nr.: A020

Klaus und seine Frau Hanni haben ihre besten Freunde zum Essen eingeladen. Mitten in den Vorbereitungen bemerkt Klaus Hannis düstere Miene. Ihre zusammengekniffenen Augen sind ein sicheres Zeichen dafür, dass etwas nicht stimmt. Zuerst streitet sie dies ab, aber als Klaus nachhakt, gibt sie zu, dass sie auf Tina wütend ist.

In diesem Moment kommen Bill und Tina. Die beiden Männer gehen zum Grill, und Hanni wirft Tina etwas vor, das schon vier Monate zurückliegt. Tina gibt ihren Fehler sofort zu, wundert sich aber, warum Hanni das Problem nicht schon früher angesprochen hat. Unausgesprochener Ärger zwischen Freunden kann Beziehungen zerstören, und Hanni lernt, dass es besser ist, eine Verletzung schon gleich auszudrücken, wenn sie passiert.

Angeschnittene Themen: Freundschaft; Spannungen beheben; in Liebe konfrontieren
Schauspieler: 2 Männer, 2 Frauen
Predigttitel-Vorschlag: Zwischenmenschliches; Weißt du noch …?

BESUCHSZEIT von Sharon Sherbondy
Best.-Nr.: B001

Eine Frau besucht ihre Mutter, die auf der Intensivstation eines Krankenhauses liegt. Sie unterhält sich mit ihr, als ob alles normal wäre. Verschiedene Besucher, darunter der Arzt und ein Pfarrer, lassen die Frau nach Gesprächen mit dem Gefühl zurück, alleine zu sein. Es scheint, dass keiner weiß, wie man einem Menschen in einer schmerzlichen Situation beistehen kann.

Angeschnittenes Thema: andere trösten
Schauspieler: 2 Männer, 2 Frauen
Predigttitel-Vorschlag: Liebe der etwas anderen Art

BIS DASS DER TOD ... von Mark Demel
Best.-Nr.: B005

Gregor fällt es schwer, über den Tod seines Bruders hinwegzukommen. Drei Szenen aus der Vergangenheit beschreiben ihr manchmal hartes, aber meist herzliches Verhältnis. In der ersten erzählt Johannes Gregor von seiner bevorstehenden Hochzeit. In der zweiten unterhalten sie sich darüber, dass Johannes Vater wird. In der dritten Szene hat Gregor erfahren, dass sein Bruder an Krebs erkrankt ist. Nach einem Szenenwechsel in die Gegenwart kommt Gregors Frau ins Zimmer und versucht, ihn aufzumuntern und über den Verlust hinwegzutrösten. Aber Gregor kommt nicht aus seiner Traurigkeit und Hoffnungslosigkeit heraus.

Angeschnittene Themen: Tod; Sinn des Lebens nach einem schweren Verlust
Schauspieler: 2 Männer, 1 Frau
Predigttitel-Vorschlag: Bis in alle Ewigkeit; Familienbande

BITTE NICHT ERWÄHNEN!
von Donna Lagerquist
Best.-Nr.: B002

Der gemeinsame Abend von zwei befreundeten Ehepaaren ist belastet, weil einer der Männer arbeitslos ist. Während die gastgebende Ehefrau (auf komische Weise) völlig übertrieben versucht, die Gefühle des arbeitslosen Mannes zu schonen, indem sie gewisse Themen nicht anspricht, wünscht sich der arbeitslose Mann, er könnte zu Hause bleiben, damit er sich nicht mit anderen Leuten und ihrer Reaktion auf seine gegenwärtige Situation auseinander setzen muss. Schließlich sprechen die beiden Ehemänner ganz offen über diese Situation, wobei der gastgebende Mann zugibt, selbst eine Weile arbeitslos gewesen zu sein, sodass er sich in die Situation seines Freundes hineinversetzen kann.

Angeschnittene Themen: Arbeitslosigkeit; Ehrlichkeit in Bezug auf negative Gefühle; Gemeinschaft
Schauspieler: 2 Männer, 2 Frauen
Predigttitel-Vorschlag: Haben Sie alles, was Sie zum Wachsen brauchen?; Die Botschaft aufnehmen

BLICK AUS DEM FENSTER
von Sharon Sherbondy
Best.-Nr.: B003

Carola steht mit einer gepackten Tasche vor ihrem Haus. Sie denkt darüber nach, ihre Familie zu verlassen. Zuerst scheint sie kalt und hart zu sein, aber nach und nach gewinnt sie die Zuneigung der Zuschauer, die erkennen, dass Carola von den Menschen in ihrem Leben nur getreten wird, weil diese von ihr nur nehmen, ihr aber nie etwas zurückgeben.

Angeschnittene Themen: anstrengende Beziehungen; Herausforderung für Mütter
Schauspieler: 1 Frau, 1 Kind
Predigttitel-Vorschlag: Herz-Schmerzen

CHAMÄLEON von Sharon Sherbondy
Best.-Nr.: C001

Als Jonny seinen Vater im Büro besucht, ist er erstaunt darüber, wie stark dessen Verhalten durch die Geschehnisse um ihn herum bestimmt wird. In einem Augenblick ist Jonnys Vater liebevoll und singt Loblieder, aber sobald er schlechte Neuigkeiten erhält, attackiert er seinen Sohn verbal. Jonny ist völlig verwirrt, als er innerhalb kurzer Zeit zweimal Zeuge eines solchen Wandels wird.

Angeschnittene Themen: Gottes Gegenwart in unserem Leben; Kontrolle über unsere Gefühle
Schauspieler: 3 Männer
Predigttitel-Vorschlag: Stabilität in einer sich verändernden Welt

CHARAKTER-TEST von Mark Demel
Best.-Nr.: C004

Früh am Morgen telefoniert Markus mit seinem Bruder Stefan, der gerade vor seiner mündlichen Doktorprüfung steht. Nach dem Gespräch fällt ihm noch so viel ein, was er dem nervösen Stefan hätte sagen können, um ihn zu beruhigen. Er ruft zurück – aber sein Bruder ist schon weg. Im Laufe des Tages wird Markus klar, dass er, um seinem Bruder noch einmal Glück zu wünschen, auch eine zweistündige Autofahrt auf sich nehmen würde. Er fährt und kommt gerade noch rechtzeitig an. Stefan ist geschockt, aber geschmeichelt. Nach einem für beide bedeutungsvollen Augenblick beginnt das Examen, und als es vorbei ist, dankt Markus Gott für die Eingebung, loszufahren und seinem Bruder zu zeigen, wie wichtig er für ihn ist.

Angeschnittene Themen: Eingebungen von Gott; dienen; Kraft der Ermutigung

Schauspieler: 2 Männer, 1 Frau
Predigttitel-Vorschlag: Familienbande; Nutzen Sie die Zeit

DANKE FÜRS ZUHÖREN
von Sharon Sherbondy
Best.-Nr.: D001

Eine Familie beschließt, im Freien zu picknicken, obwohl es sehr kalt ist. Der Zuschauer wird Zeuge einer typischen Mittagessenkonversation einer Familie, die nur selten Gelegenheit zu einem Gespräch hat. Während der Konversation versucht der Teenagersohn, von einem Fußballspiel zu erzählen; er wird jedoch immer wieder unterbrochen. Verschiedene Male wird er gebeten, noch einmal neu zu beginnen – und wird doch nur wieder ignoriert. Am Ende ergreift die Familie vor der Kälte die Flucht und kehrt ins Haus zurück. Lediglich der Sohn bleibt alleine am Tisch zurück. Er beschließt, seine Geschichte zu Ende zu erzählen, und redet so, als würden alle noch am Tisch sitzen. Schließlich dankt er ironisch jedem Einzelnen fürs Zuhören, obwohl keiner mehr da ist, der es hören könnte.

Angeschnittene Themen: Familie; Zuhören
Schauspieler: 1 Mann, 1 Frau, 1 männlicher und 1 weiblicher Teenager
Predigttitel-Vorschlag: Sich den Herausforderungen der Familie stellen

DAS GESCHÄFT DES LEBENS von
Brian Svenkeson/ Steve Pederson/Mark Demel
Best.-Nr.: D002

David und Peter haben beschlossen, die Firma zu verkaufen, für deren Aufbau sie zehn Jahre lang gearbeitet haben. Peter ist von einem millionenschweren Angebot einer Investmentgruppe begeistert, aber David zögert. Es kommt zum Streit. Als sie versuchen, eine endgültige Entscheidung über den Verkauf zu fällen, wirft Peter seinem Partner David dessen übertriebene Hingabe an seine Arbeit vor. Als David antwortet, er habe schließlich sein Leben in die Firma investiert, entgegnet Peter: »Du hast dein Leben investiert, ich meine Zeit.« Peter geht, nachdem er an David appelliert hat, sich das Angebot durch den Kopf gehen zu lassen. Wie wird er sich entscheiden?

Angeschnittene Themen: Arbeit; Arbeitssucht
Schauspieler: 2 Männer
Predigttitel-Vorschlag: Ihre Arbeit ist Gott wichtig

DAS GROSSE ZITTERN von Sharon Sherbondy
Best.-Nr.: D003

Am Wochenende hat Klara sich entschieden, ihr Leben mit Jesus zu leben. Jetzt ist es Montagmorgen, und sie unterhält sich mit Gott darüber, wie sie ihren Arbeitskollegen und Freunden von dieser Entscheidung erzählen soll und wie sie sich nun als Christ verhalten muss. Sie fällt in Extreme. So will sie eine überdimensionale Bibel mitnehmen und ständig »Preiset den Herrn« sagen. Trotz dieser amüsanten Aspekte wird deutlich, dass Gott von ihr die Aufgabe ihres alten Lebens verlangt.

Angeschnittene Themen: Neu im Glauben; Gott gehorchen; den Glauben bekennen
Schauspieler: 1 Frau
Predigttitel-Vorschlag: Bequem leben; Veränderungen

DAS LUSTIGE MÄDCHEN von Donna Lagerquist
Best.-Nr.: D004

Eine Frau erzählt die Geschichte ihrer Übergewichtigkeit: Als Kind wird sie immer von ihrem Bruder gehänselt, in der Schule lernt sie, wie man Gelächter erzeugt, indem man sich zum Klassenkaspar macht, und auf der Uni schließlich macht sie die Entdeckung, dass Menschen sie nur zur Kenntnis nehmen und sie mögen, wenn sie sie zum Lachen bringt. Sie versucht sogar, als Komikerin zu arbeiten. Aber trotzdem sitzt sie am Ende in einen Schrank gekauert und fühlt sich »in der Menge verloren«.

Angeschnittene Themen: Außenseiter sein; das Bedürfnis nach Anerkennung
Schauspieler: 1 Mann, 2 Frauen (verschiedene Rollen für einen Mann und eine Frau)
Predigttitel-Vorschlag: Was würde Jesus zu Madonna sagen?

DAS RENDEZVOUS von Donna Lagerquist
Best.-Nr.: D019

Ein Mann in mittleren Jahren und eine Frau stehen jeweils auf entgegengesetzten Seiten der Bühne vor einem Spiegel. Beide machen sich für eine offensichtlich wichtige Verabredung fertig. Jeder der beiden ist ängstlich darauf bedacht, einen möglichst guten Eindruck zu hinterlassen, doch hadern sie mit den Spuren des Alters, die diese Bemühungen beeinträchtigen. Sie erledigen die letzten Handgriffe, verlassen ihr »Zimmer« und treffen sich in der Bühnenmitte. Nun erfährt das

Publikum, dass die beiden miteinander verheiratet sind und ihren siebzehnten Hochzeitstag feiern. Hat die Zeit etwas an ihrer Beziehung verändert?
Angeschnittene Themen: Ehe; Hochzeitstag
Schauspieler: 1 Mann, 1 Frau
Predigttitel-Vorschlag: Wie finde ich die Liebe fürs Leben?; Gemeinsam alt werden; Ehe leben – Ehe lieben

DAS UNHEIL LAUERT ÜBERALL
von Judson Poling
Best.-Nr.: D045

Dieser amüsante Sketch beginnt damit, dass ein Mann sein Apartment betritt. Er sieht sich ängstlich um, schaut hinter jede Tür, schaut unter und in alle Schränke. Er desinfiziert die gesamte Wohnung, zieht sich Gummihandschuhe an, küsst das Hufeisen, das er über die Tür hängt, und fasst nur Essen an, das verpackt und eingeschweißt ist. Er nimmt sich eine Vitamin C-Tablette und liest sein Lieblingsbuch: »Das Unheil lauert überall – Wie man trotzdem überlebt«. Ein Klopfen an der Tür erschreckt ihn beinahe zu Tode. Ein Besucher behauptet, er bringe einen Lotterie-Gewinn von zehn Millionen Mark vorbei. Nach anfänglicher Skepsis – schließlich hat er noch niemals wirklich Glück gehabt – öffnet er die Tür, um den Scheck entgegenzunehmen. Und genau in diesem Moment fällt ihm das Hufeisen auf den Kopf ...
Angeschnittene Themen: Angst; extremes Unglück
Schauspieler: 3 Männer (einer davon nur als Stimme)
Predigttitel-Vorschlag: Alles Gute kommt von oben; Das Glück steht in den Sternen

DAS VERLORENE OPFER
von Donna Lagerquist
Best.-Nr.: D020

Der verlorene Sohn einmal anders. Johannes macht alle anderen für seine Probleme verantwortlich. Er verlangt sein Erbe und verlässt sein Elternhaus – und scheitert. Trotzdem gibt er seinem Vater die Schuld. Ein breit angelegtes Theaterstück mit zeitgemäßen Anspielungen. Es macht vor allem Spaß, weil die beiden Darsteller alle Soundeffekte selbst umsetzen.
Angeschnittene Themen: Opfermentalität; Verantwortung für eigene Fehler übernehmen
Schauspieler: 2 Männer
Predigttitel-Vorschlag: Der moderne verlorene Sohn; Versagt – was ist, wenn ich alles falsch gemacht habe?

DAS VERMÄCHTNIS von Donna Lagerquist
Best.-Nr.: D021

Miriam, eine Bibliothekarin, geht in den Ruhestand. Als sie mit ihrer Tochter Laura von der Abschiedsfeier zurückkehrt, ist Miriam still in sich gekehrt. Laura fragt, wie sie es findet, dass die neue Bibliothek nach dem Mann benannt wurde, der das Grundstück gestiftet hat, und nicht nach ihr, die die Bibliothek aus dem Nichts aufgebaut hat. Miriam antwortet mit für sie typischer Demut, dass der Spender diese Ehre verdient hat, aber man spürt, dass sie verletzt ist. Dann treffen die beiden einen Mann, den Miriam vor vielen Jahren zu lesen ermutigt und dem sie geholfen hat, seine Legasthenie zu überwinden. Inzwischen hat dieser Mann ein Buch geschrieben. Sie ist tief berührt, als ihr deutlich wird, wie wichtig es war, dass sie sich in das Leben dieses Mannes investiert hat.
Angeschnittene Themen: Elternschaft; Charakter; Christ und Arbeitswelt; anderen dienen
Schauspieler: 1 Mann, 2 Frauen
Predigttitel-Vorschlag: Stell dein Licht nicht unter den Scheffel

DAS WAHRE GESICHT
von Donna Lagerquist und Steve Pederson
Best.-Nr.: D022

Tim und Gabi sitzen in ihrer Wohnung und warten darauf, dass ihre Tochter von der Schule nach Hause kommt. Sie ist schon lange überfällig. Im Laufe ihres Gespräches macht Tim seinem Ärger gegenüber seiner Tochter und auch gegenüber seiner Frau Luft, während sich bei Gabi Angst breit macht. Als sie schließlich erfahren, dass mit ihrer Tochter alles in Ordnung ist und sie bald nach Hause kommen wird, merkt Gabi, dass sich auch ihr Mann Sorgen gemacht hat, wenn er diese auch äußerlich gut hinter seinem Ärger versteckt hat. Tim ist der klassische Hardliner, der sich immer unter Kontrolle hat und lernen muss, dass Angst eine normale menschliche Emotion ist, die man nicht verstecken sollte.
Angeschnittene Themen: Ärger; Furcht und Ärger als Kehrseiten einer Medaille; Emotionen; Ehe
Schauspieler: 1 Mann, 1 Frau
Predigttitel-Vorschlag: Unter einer harten Schale ...; Neue Männer braucht das Land – von

Machos und Mamasöhnchen; Du musst ein Schwein sein in dieser Welt

DAS WARTEZIMMER von Donna Lagerquist
Best.-Nr.: D023

Vier Personen gelangen auf geheimnisvolle Weise in ein »Wartezimmer«, in dem sich auch ein Telefon befindet. Eine ältere Frau wartet auf den Anruf ihrer Schwester, mit der sie sich vor zwölf Jahren zerstritten hat. Eine junge Frau wartet darauf herauszufinden, was sie mit dem Rest ihres Lebens anfangen soll. Sie sucht nach einem Menschen, der ihr ihre Zukunft garantiert, bevor sie ihr Studium aufnimmt. Ein Mann wurde wegen seiner unbeherrschten Wutausbrüche entlassen, möchte aber von der Firma an seinen Arbeitsplatz zurückgerufen werden – obwohl er nichts unternommen hat, um der Wurzel seiner Wutausbrüche zu Leibe zu rücken. Und schließlich wartet ein anderer Mann darauf, Sicherheit darüber zu erlangen, dass er nie geschieden werden wird – und das vor seiner Heirat. Wird das Telefon jemals klingeln?
Angeschnittene Themen: die Schwierigkeit, Entscheidungen zu fällen; Risiken auf sich nehmen
Schauspieler: 2 Männer, 2 Frauen
Predigttitel-Vorschlag: Philipper 4,13 – Kraft auf dem Weg

DAS WEIHNACHTSWUNDER
von Donna Lagerquist
Best.-Nr.: D024

(Dieses Theaterstück ist mit ca. 30 Minuten Spieldauer etwas umfangreicher)
Es ist Weihnachten, und Robert, ein Angehöriger der Heilsarmee, steht vor einem Kaufhaus. Er freundet sich mit Stefan, einem kleinen Jungen, und dessen älterem Bruder Michael an, der gerade seinen Job in eben diesem Kaufhaus verloren hat. Michael ist zunächst etwas misstrauisch, weil Robert so freundlich ist, aber dieser erklärt ihm, dass er einfach die Freundlichkeit weitergäbe, die er als kleiner Junge von einem christlichen Basketballtrainer erfahren hat. Michael ist zu zynisch, um Roberts Botschaft glauben zu können, aber Stefan sehnt sich nach dem, was Robert ihm beschreibt. Als Stefan dann vor der Krippenszene im Kaufhaus steht, erwachen die lebensgroßen Figuren plötzlich zum Leben. Die Szene wird zum ersten Weihnachten mit Hirten, den Weisen – und mit Stefan, der ehrfürchtig staunend in der Mitte steht.
Angeschnittene Themen: Weihnachten; dazugehören; Grundlagen des christlichen Glaubens
Schauspieler: 5 Männer (darunter ein 10-jähriger Junge), 3 Frauen (darunter ein Kind), verschiedene Statisten (Männer, Frauen und Kinder)
Predigttitel-Vorschlag: Weihnachten; Das Christkind-Desaster – von der Wahrheit unterm Tannenbaum

DER ALTE MANN UND DIE WASCHMASCHINE
von Donna Lagerquist
Best.-Nr.: D005

Ein Mann, Mitte sechzig, ist seit kurzem verwitwet und muss nun seine Wäsche im Waschsalon waschen. Im Verlauf einer Unterhaltung mit einer weiteren Kundin spricht er über seine Trauer, seinen Zorn und seine Kämpfe, weil er jetzt alles selbst machen muss – auch die Wäsche –, seit seine Frau tot ist. Während die Frau dem älteren Mann hilft, seine Wäsche zu sortieren, findet sie eine aufblasbare Weihnachtsdekoration, eine Erinnerung an seine Frau, die er behält, weil diese sie aufgeblasen hat. Als die Tochter der Frau diese Luft entweichen lässt, bricht der Mann zusammen. Alleine gelassen erkennt er, dass er lernen muss loszulassen, und lässt langsam und behutsam die Luft gegen seine Wange entweichen.
Angeschnittene Themen: Loslassen; Trauer; Umgang mit dem Tod
Schauspieler: 1 Mann, 1 Frau, 1 Kind
Predigttitel-Vorschlag: Von Gott enttäuscht; Wenn Gott schweigt

DER BALANCEAKT von Donna Lagerquist
Best.-Nr.: D025

In dieser erzählten Geschichte (nur der Erzähler spricht) stellt Harald Spinner fest, dass sein Leben völlig aus den Fugen gerät. Zuerst dreht sich sein Leben nur um seinen Chef und um seine Ehefrau, die er beide zufrieden stellen will (symbolisch dargestellt durch imaginäre Teller, die er auf Holzstäben dreht, die die Darsteller in den Händen halten). Nach und nach wird er zusätzlich durch seine Tochter, die Mitgliedschaft im Fitnessclub, die Sitzungen bei einem Psychiater und durch seine älter werdenden Eltern herausgefordert. Während er versucht, allen Ansprüchen gerecht zu werden (das heißt, ihre Teller in Bewegung zu halten), gerät er an den Rand des Zusammenbruchs.

Angeschnittene Themen: Lebenstempo; alles unter Kontrolle haben
Schauspieler: 5 Männer, 4 Frauen, 1 Erzähler
Predigttitel-Vorschlag: Nur nicht den Kopf verlieren; Alles im Lot auf dem sinkenden Boot?

DER BALANCEAKT (WEIHNACHTSVERSION)
von Donna Lagerquist
Best.-Nr.: D026

In dieser erzählten Geschichte (nur der Erzähler spricht) stellt Helen Spinner fest, dass die Weihnachtszeit ihr Leben völlig aus den Fugen geraten lässt. Normalerweise dreht sich ihr Leben um ihren Chef und um ihren Ehemann, die sie beide zufrieden stellen will (symbolisch dargestellt durch imaginäre Teller, die sie auf Holzstäben dreht, die die Darsteller in der Hand halten). Außerdem wird sie gefordert durch ihre Tochter, ihre beste Freundin, den Chorleiter und ihren Bruder. Dazu kommen dann noch alle Weihnachtsverpflichtungen. Jetzt führt Helen ein hektisches Leben, in dem sie zwischen all diesen Charakteren hin und her läuft und die Teller in Bewegung hält. Dadurch verliert sie die eigentliche Bedeutung von Weihnachten aus dem Blick.

Angeschnittene Themen: Lebenstempo; alles unter Kontrolle haben; Feiertagsstress
Schauspieler: 5 Männer, 4 Frauen, 1 Erzähler
Predigttitel-Vorschlag: Nur nicht den Kopf verlieren; Alles im Lot auf dem sinkenden Boot?; Das Christkind-Desaster – von der Wahrheit unterm Tannenbaum

DER EINDRINGLING von Sharon Sherbondy
Best.-Nr.: D027

Eine Frau lernt für ihr Krankenschwester-Examen, als sie plötzlich die Stimme ihres Vaters hört. Seine Kritik, seine höhnischen Bemerkungen und seine mangelnde Unterstützung, die er im Laufe der Jahre zum Ausdruck gebracht hat, leben in ihr weiter, auch wenn der Vater schon seit zwei Jahren tot ist. Er tritt auf die Bühne, und beide reden miteinander, obwohl er nur ein Phantom ist. Er richtet ihre Aufmerksamkeit auf ihre gescheiterte Ehe und wirft ihr vor, ihre Kinder zu vernachlässigen – und versucht so, ihr Selbstbild zu zerstören. Sogar ihre neue Beziehung zu Gott ist Futter für seine abschätzigen Kommentare. Das Stück endet mit seiner letzten höhnischen Bemerkung: »Wer kennt dich besser als dein Vater?«

Angeschnittene Themen: Selbstbild; destruktive Erziehung; Gottes Liebe
Schauspieler: 1 Mann, 1 Frau
Predigttitel-Vorschlag: Liebe ohne Grenzen; Die beste Predigt aller Zeiten; … Vater sein dagegen sehr!

DER FLUG von Donna Lagerquist
Best.-Nr.: D040

Das Stück spielt in einem Flugzeug. Man sieht ein Ehepaar auf dem Weg in den Urlaub sowie einen einzelnen Reisenden. Nun kommen noch eine Mutter mit ihrer behinderten Tochter hinzu. Das Urlaubspaar fühlt sich durch dessen lautes Reden belästigt und möchte, dass die beiden in den hinteren Teil des Flugzeugs umgesetzt werden. Der allein reisende Daniel reagiert ruhig und verständnisvoll auf das Mädchen.

Angeschnittenes Thema: Behinderte
Schauspieler: 2 Männer, 2 Frauen, 1 Kind
Predigttitel-Vorschlag: Geliebt; Die größte Liebe aller Zeiten

DER FREIWILLIGE von Donna Lagerquist
Best.-Nr.: D041

Die Mitarbeiter einer Gemeinde versuchen mit allen Mitteln, einen Freiwilligen zur Mitarbeit in ihrem jeweiligen Arbeitsbereich zu überreden. Leider stellt sich heraus, dass der Besucher eigentlich nur dem öffentlichen Aushang der Gemeinde, Blut zu spenden, nachkommen wollte.

Angeschnittene Themen: Mitarbeit in der Gemeinde; dienen
Schauspieler: 3 Männer, 2 Frauen
Predigttitel-Vorschlag: Hier sind Sie gefragt; Wir wollen nur dein Bestes

DER GESTOHLENE JESUS
von Donna Lagerquist
Best.-Nr.: D028

Dieses Weihnachtsstück spielt in einer geplünderten Krippenszenerie mitten in einer Großstadt. Von der Krippe sind nur noch der Stall, das Stroh und die Krippe selbst übrig. Auf Grund der Hektik vor den Feiertagen ist Barbara total frustriert. Als sie ihre gerade gekauften Geschenke nach Hause trägt, bricht ihr ein Schuhabsatz ab. Sie setzt sich auf eine Parkbank und lernt Vivian kennen, eine obdachlose Frau. Vivian hat ihre Zelte in diesem geplünderten Stall aufgeschlagen. Im Verlauf der Unterhaltung schwinden Barbaras

Furcht und Abscheu und machen schließlich Zutrauen und wirklichem Mitleid für Vivian Platz. Vivians selbst gestrickte Weisheiten und ihre ganz einfache Sicht von Jesus berühren Barbara und die Zuschauer tief.
Angeschnittene Themen: Weihnachten
Schauspieler: 2 Frauen
Predigttitel-Vorschlag: Weihnachten; Das Christkind-Desaster – von der Wahrheit unterm Tannenbaum

DER RUF DER WILDNIS von Sharon Sherbondy
Best.-Nr.: D006

Eine Frau kommt voller Begeisterung aus der Kirche nach Hause und erzählt ihrem schockierten Ehemann von der Predigt dieses Tages. Der Pfarrer hat die Gläubigen aufgefordert, Glaubensschritte zu gehen und Gott die Möglichkeit zu geben, die Richtung ihres Lebens zu bestimmen. Da sie am Abend zuvor einen Bericht über die hungernden Menschen in Afrika gesehen hat, ist sie nun davon überzeugt, dass Gott sie dazu beruft, dorthin zu gehen. Sie ignoriert dabei völlig, dass ihre Persönlichkeit und ihre Fähigkeiten einen Dienst in Afrika völlig ausschließen und dass ihre eigene Gemeinde ein viel passenderes Missionsfeld ist.
Angeschnittenes Thema: Gott dienen
Schauspieler: 1 Mann, 1 Frau
Predigttitel-Vorschlag: Sieben Wunder der geistlichen Welt; Gott führt mich; Das größte Abenteuer der Welt

DER 27. DEZEMBER von Sharon Sherbondy
Best.-Nr.: D046

Paul und Lisa erholen sich gerade vom Stress der Weihnachtstage, an denen sie insgesamt »28 Personen und 3 streunende Hunde« im Haus hatten. Der Versuch, zwei Großfamilien mit all ihren Eigenheiten unter einen Hut zu bringen, hat aus den Feiertagen eine anstrengende Zeit gemacht. Zu allem Überfluss kam dann auch noch eine umfangreiche VISA-Rechnung ins Haus geflattert. Aber wie kann man sich vor der Kommerzialisierung und dem Familienstress, die die Festtage mit sich bringen, schützen? Gerade, als sie sich entschlossen zu haben, im nächsten Jahr alles anders zu machen, ruft Tante Lily an. Sie hat ihren Flug verpasst und braucht einen Platz zum Schlafen. Das Licht geht aus, während Paul und Lisa sich verzweifelt anblicken und sich fragen, was sie tun sollen.

Angeschnittene Themen: Umgang mit Enttäuschung; Umgang mit Geld; christliches Leben an Weihnachten
Schauspieler: 1 Mann, 1 Frau
Predigttitel-Vorschlag: Die liebe Familie; Die »liebe« Weihnachtszeit

DER TAG X von Sharon Sherbondy
Best.-Nr.: D029

Ein humoristisches Stück über den Geschäftsmann Robert. Seine Frau und einer seiner Arbeitskollegen finden in seinem Büro einen Kalender, der eine Menge Eintragungen enthält – bis zu einem ominösen »Tag X«. Danach finden sich keine Eintragungen mehr. Zuerst denken sie, dass er sich gerade in der Midlife-Krise befindet, dann fürchten sie, dass er sterben wird. Als Robert schließlich in sein Büro kommt, informiert er sie, dass der »Tag X« der Tag ist, an dem er sich entscheiden will, Christ zu werden. Die Tage vor der Entscheidung sind mit Dingen angefüllt, die Spaß machen, weil es damit vorbei sein wird, wenn der »Tag X« erst einmal kommt.
Angeschnittene Themen: falsche Vorstellungen über den christlichen Glauben
Schauspieler: 2 Männer, 1 Frau
Predigttitel-Vorschlag: Ja, Gott; Der Spaß ist aus; Klassische christliche Märchen

DER UNDURCHSCHNITTLICHE JOSEF von Sharon Sherbondy
Best.-Nr.: D030

Dieses Theaterstück erzählt vom Besuch des Engels bei Josef, bevor dieser sich anschickt, seine Verbindung zu Maria zu lösen. In einer modernen Umgebung (ergänzt mit klischeehaften jüdischen Accessoires) weckt ein guter jüdischer Junge, nämlich Josef, seine guten jüdischen Eltern mitten in der Nacht auf, um ihnen zu erzählen, dass ihm gerade ein Engel erschienen ist. Seine zukünftige Frau, Maria, sei schwanger und ihr Kind werde der Sohn Gottes sein – sage zumindest der Engel. Die Eltern können es nicht glauben. Sie streiten miteinander und mit Josef und gestehen am Ende zu, dass sie versuchen wollen, offen zu sein, dass sie aber die Schande dieser unehelichen Schwangerschaft nur schwer verdauen werden können. Josef erwidert, dass diese Bereitschaft, den guten Ruf zu opfern, weniger seiner Liebe zu dieser Frau, als vielmehr seiner Liebe zu Gott entspringt. Er kann nicht anders handeln.

Angeschnittene Themen: Weihnachten; der Ruf Gottes
Schauspieler: 2 Männer, 1 Frau
Predigttitel-Vorschlag: Skandal in Nazareth

DER UNGLÄUBIGE THOMAS
von Judson Poling
Best.-Nr.: D031

Thomas wurde schon immer der »ungläubige Thomas« genannt, obwohl er sich selbst eher als jemand bezeichnen würde, der nicht leichtgläubig ist. Schon als Kind löcherte er seine Eltern, manchmal komisch und manchmal unausstehlich. Wenn er sich mit einem Mädchen anfreundete, fragte er sich immer, ob es wirklich das Richtige war, und so hielt ihn seine ewige Ungewissheit davon ab, sich auf die Ehe einzulassen. Besonders im Bereich der Religion braucht er solide Antworten und findet seine Freunde teils geistlich naiv, teils überkritisch. Gibt es überhaupt die endgültige Gewissheit?

Angeschnittene Themen: Der Wert des Zweifels; Grundlagen des christlichen Glaubens; ehrliche Fragen
Schauspieler: 2 Männer, 2 Frauen
Predigttitel-Vorschlag: Die Kehrseite des Zweifels; Argumente gegen den Glauben

DER VERLORENE COWBOY
von Donna Lagerquist
Best.-Nr.: D047

Die Geschichte vom verlorenen Sohn – mit kleinen Änderungen. Joe macht alles und jeden für sein Unglück verantwortlich. Er brennt mit seinem Erbe durch und verliert alles. Als er, längst pleite, merkt, dass sein Vater ihn immer noch liebt und ihn sucht, verfällt er wieder in seine alten Gewohnheiten und macht den Vater für alles verantwortlich. Ein bewegendes Stück mit zeitgemäßen Anspielungen.

Angeschnittene Themen: das »ewiges-Opfer«-Syndrom; andere verurteilen; Verantwortungslosigkeit
Schauspieler: 2 Männer
Predigttitel-Vorschlag: Der verlorene Sohn

DIE BELADENEN von Judson Poling
Best.-Nr.: D007

Dieses Theaterstück illustriert, wie sinnlos es ist, ein Leben ohne Gott zu führen, das lediglich zur Erfüllung der eigenen Wünsche dient. Die Schauspieler tragen Säcke auf dem Rücken und bücken sich ständig, um die Dinge vom Boden aufzuheben, die sie haben wollen. Am Ende bricht ein alter Mann unter dem Gewicht seiner Säcke zusammen und bittet darum, dass ihm jemand beibringt, wie er etwas anderes mit seinen Händen machen kann. Nach Jahren der Selbstbedienung ist er nicht mehr in der Lage, Gott zu loben.

Angeschnittene Themen: Gott ehren; ichbezogenes Leben
Schauspieler: 4 Männer, 1 Frau, 1 Kind
Predigttitel-Vorschlag: Verdrehte Prioritäten

DIE BESTEN FREUNDE von Sharon Sherbondy
Best.-Nr.: D008

Als ihre Kinder übers Wochenende zum Campen fahren, freuen sich die Eltern auf ein romantisches Wochenende zu zweit. Sie werden jedoch von ihren Nachbarn gestört, die, beladen mit Spielen, Knabbereien und Schlafsäcken, vorbeikommen und das Wochenende in Gesellschaft des Paares verbringen wollen. Die Unsensibilität, die Beschwerden und Streitereien führen schließlich zu einer wunderbar komischen Lösung.

Angeschnittene Themen: Freundschaft; Unsicherheit
Schauspieler: 2 Männer, 2 Frauen
Predigttitel-Vorschlag: Ordnen Sie Ihr Privatleben; Ihre Beziehungen

DIE BÖSE FRAU von Judson Poling
Best.-Nr.: D009

Dieses Theaterstück zeigt uns verschiedene Episoden von Enttäuschung und Demütigung aus dem Leben von Marianne und hilft uns so zu verstehen, warum diese eine »böse« Frau ist: Ihre Mutter nörgelte an ihr herum, ein Lehrer bringt sie in Verlegenheit, ein Freund lässt sie fallen, ihr alkoholisierter Ehemann zeigt ihr nur seine Geringschätzung – und in all diesen Situationen gelingt es ihr nie zu sagen, was sie eigentlich sagen möchte. Das hält sie davon ab, ihre wahren Gefühle zu zeigen – sie hat sie so lange in sich hineingefressen, dass sie nun an der falschen Stelle hervorbrechen und sie zornig und einsam werden lassen.

Angeschnittenes Thema: die Wurzel des Zorns
Schauspieler: 2 Männer, 1 Frau, 1 Erzähler
Predigttitel-Vorschlag: Das Zeitalter des Zorns; Wohin mit der Wut in meinem Bauch?

DIE GESCHICHTE VON RACHEL
von Donna Lagerquist
Best.-Nr.: D010

Drei Frauen erzählen dieselbe Geschichte aus ihrer eigenen Perspektive.

Eines Tages, als sie gerade Enten im Park füttert, wird Maria von Rachel, einer Frau, die auf der Straße lebt, ihre Handtasche gestohlen, die sie auf eine Bank gelegt hatte. Diese Szene wird von Janne beobachtet.

Die unterschiedlichen Beschreibungen des Geschehens sind ineinander verwoben und zeigen, wie diese drei Frauen Rachels Armut – und ihren Diebstahl – auf völlig unterschiedliche Weise sehen. Für Rachel ist es die einzige Möglichkeit zu überleben; Maria erkennt trotz Rachels Vergehen deren Beweggründe und versucht, ihr zu helfen, zuerst praktisch und dann ganz persönlich; Janne beobachtet all das und denkt darüber nach, wie dumm es ist, sich um einen Menschen zu kümmern, der auf der Straße lebt.

Angeschnittene Themen: Armenfürsorge; anderen vergeben
Schauspieler: 3 Frauen
Predigttitel-Vorschlag: Was würde Jesus zu Mutter Teresa sagen?

DIE GROSSE FRAGE von Sharon Sherbondy
Best.-Nr.: D011

Ein Elternpaar gerät in Panik, als sie ihrer Tochter »die Tatsachen des Lebens« erklären sollen. Zu ihrer großen Überraschung hat ihre Tochter gar keine Fragen zum Thema Sex, sondern über die Existenz Gottes. Sie möchte wissen, wo Gott wohnt und ob er gut ist. Als Ergebnis dieser Unterhaltung fangen die Eltern an, sich über ihren Glauben an Gott und über ihr Wissen über ihn Gedanken zu machen.

Angeschnittenes Thema: die Existenz Gottes
Schauspieler: 1 Mann, 1 Frau, 1 Kind
Predigttitel-Vorschlag: Glaube hat Gründe; Warum sollte ich an Gott glauben?

DIE KOLLEKTE von Judson Poling
Best.-Nr.: D032

Es ist Zeit für die Kollekte, und vier Leute nutzen die Gelegenheit, um zu sagen, warum sie etwas geben oder auch nicht geben. Der Erste gibt nichts, weil er der Meinung ist, dass er seinen Zehnten selbst viel besser verwenden kann. Der Zweite gibt aus der Erkenntnis heraus, dass er auch etwas bekommen könnte. Eine Frau hasst es, etwas zu geben, weil sie das Gefühl hat, dass Gott mit dem, was sie gibt, nie zufrieden ist. Der Vierte schließlich gibt gerne, weil er so die Möglichkeit hat, Gott seinen Dank auszudrücken.

Angeschnittene Themen: den Zehnten geben; Materialismus
Schauspieler: 3 Männer, 1 Frau
Predigttitel-Vorschlag: Geld spielt (k)eine Rolle

DIE KRIEGERIN von Donna Lagerquist
Best.-Nr.: D048

Marlene ist Putzfrau. Wenn sie die Häuser ihrer Kunden putzt, lässt sie sich von verschiedenen Gegenständen an Gebetsanliegen erinnern. Ein Teller mit Süßigkeiten erinnert sie daran, für ein Mädchen zu beten, das ein bisschen netter werden sollte. Wenn sie ihren Staubsauger in die Steckdose steckt, betet sie für einen Freund, der eine harte Zeit durchmachen musste und jetzt Gottes »Energie« braucht; wenn sie ihn wieder herauszieht, betet sie für einen weiteren Freund, der dringend etwas Ruhe und Erholung braucht. Man denkt zuerst, sie sei nur eine einfache Putzfrau. Aber in Wirklichkeit ist sie eine »Kriegerin« und jeden Tag mit ihrem Gebet »an der Front«. Am Ende erklärt eine rührende Geschichte, warum die Frau sich dem Gebet für andere verschrieben hat.

Angeschnittene Themen: Gebet; mit Gott durch den Tag gehen
Schauspieler: 1 Frau
Predigttitel-Vorschlag: Mit Gott durch Dick und Dünn; Ein Gebet für jede Gelegenheit

DIE MONTAGABEND-RUNDE
von Judson Poling
Best.-Nr.: D012

Ein frisch bekehrter Christ kämpft damit, wie er nun leben soll. Bei seinen Bemühungen, sein Leben gottgefällig zu leben, vergeistlicht er alles und eliminiert jegliche Freizeit aus seinem Leben. Drei andere Männer aus seiner Bibelgruppe versuchen, ihm zu erklären und zu zeigen, dass ernsthafte Hingabe an Gott Spaß und Lebensfreude nicht ausschließt.

Angeschnittene Themen: neu im Glauben; realistische Erwartungen; Jüngerschaft
Schauspieler: 4 Männer
Predigttitel-Vorschlag: Sagen Sie sich selbst die Wahrheit; Fünf Lügen über den Glauben

DIE NATUR DES LEBENS
von Sharon Sherbondy
Best.-Nr.: D013

Dieses Theaterstück in zwei Akten zeigt eine vierköpfige Familie, die zum Campen fährt. Die Kinder sehnen sich jedoch in die »Zivilisation« zurück, sodass keine Campingstimmung aufkommt. Der zweite Akt spielt später am Abend. Der Vater blickt durch sein Teleskop zu den Sternen. Zuerst ist niemand daran interessiert, aber dann sieht der Sohn eine Sternschnuppe. Für einige wenige Minuten sind sich Vater und Sohn ganz nahe und bewundern Gottes Schöpfung.
Angeschnittene Themen: Familie; die Wunder der Schöpfung
Schauspieler: 2 Frauen, 2 Männer
Predigttitel-Vorschlag: Familienabend

DIE RICHTIGE ENTSCHEIDUNG
von Sharon Sherbondy
Best.-Nr.: D014

Ein Mann steht vor der Haustüre seiner Wohnung und denkt darüber nach, wie er seiner Frau erklären soll, dass er seinen Arbeitsplatz als Journalist verloren hat, weil er einem Menschen in Not geholfen und so ein wichtiges Interview verpasst hat.
Angeschnittenes Thema: christliches Handeln kontra berufliche Interessen
Schauspieler: 1 Mann
Predigttitel-Vorschlag: Machen Sie aus Ihrem Job das Beste; Habe Mut, anders zu sein

DIE SPEKULANTEN von verschiedenen Autoren
Best.-Nr.: D015

Alfred, Cora und ihre Tochter Tammy denken darüber nach, wie das Leben sein könnte. Auf humorvolle Weise formulieren sie, welche verschiedenen Möglichkeiten der Tag bieten könnte, ohne jedoch irgendetwas davon in die Tat umzusetzen. Als Alfred und Cora aber erkennen, dass es nötig wäre, aktiv zu werden und einige Veränderungen in ihrem Leben vorzunehmen, beschließen sie, dass sie lieber doch nicht darüber nachdenken wollen.
Angeschnittene Themen: Risiken auf sich nehmen; verpasste Gelegenheiten
Schauspieler: 1 Mann, 2 Frauen
Predigttitel-Vorschlag: Die Gelegenheit klopft an die Tür; Der determinierende Faktor

DIE STUNDE DES GEBETS
von Sharon Sherbondy
Best.-Nr.: D016

In dieser herzerfrischenden Satire wird bei einer älteren Dame, die nach außen hin fromm ist, eingebrochen. Ihr Vertrauen in Gott wird erschüttert, als ihre Gebete unbeantwortet und die Drohungen des Räubers unangefochten bleiben. Der Dieb lässt sie gefesselt, ihres Geldes beraubt und wütend auf Gott zurück. Plötzlich tritt ein Polizist ein: Der Dieb wurde gefangen und sie wird befreit. Äußerlich freut sie sich, erkennt aber, dass ihr Gebetsleben alles andere als dynamisch ist.
Angeschnittene Themen: Gebet; Heuchelei; Glaube
Schauspieler: 2 Männer, 1 Frau
Predigttitel-Vorschlag: Der Kampf um geistliche Vitalität

DIE WEIHNACHTSGESCHICHTE
von Donna Lagerquist
Best.-Nr.: D033

(Dieses Theaterstück ist mit ca. 30 Minuten Spieldauer etwas umfangreicher)
Ein junges Paar, Renate und Kurt, richtet die Weihnachtsfeier für die Verwandtschaft aus. Beide haben gewisse Erwartungen an den Abend: Renate würde gerne die Weihnachtsgeschichte lesen, Kurt wünscht sich tiefe Gespräche mit anderen Familienmitgliedern. Der Rest des Theaterstücks zeigt auf komische Weise, wie diese Pläne im Laufe des Abends zerstört werden. Die anderen Familienmitglieder erscheinen – die meisten mit schrulligen Eigenarten und Erwartungen, die sich nicht mit denen von Renate und Kurt decken. Am Ende des Abends ist viel passiert, aber weder wurde die Weihnachtsgeschichte vorgelesen, noch haben sich ernsthafte Gespräche ergeben. In der Stille ihrer nun leeren Wohnung setzen sich Renate und Kurt gemütlich mit ihrem Baby aufs Sofa und Kurt liest die Weihnachtsgeschichte vor. Der Abend war weit von einem perfekten Weihnachten entfernt, aber diese junge Familie pflegt ihre eigenen Traditionen, auch ohne den Rest der Familie.
Angeschnittene Themen: Weihnachten; Familie
Schauspieler: 4 Männer, 4 Frauen, 12-jähriger Junge, 10-jähriges Mädchen
Predigttitel-Vorschlag: Weihnachten; Das Christkind-Desaster – von der Wahrheit unterm Tannenbaum

DIE ZEIT VERGEHT von Donna Lagerquist
Best.-Nr.: D034

Zwei alte Männer sitzen vor ihrem Altersheim und unterhalten sich über ihr Leben dort, vor allem darüber, was es wann zu essen gab. Dann schwenkt die Szene zu einer Mutter und einer Tochter, die wie jede Woche den Vater bzw. Großvater besuchen wollen. Wieder Schwenk zu den beiden Männern, die sich fragen, ob sie von ihrer Familie Besuch bekommen werden. Die Szene schwenkt wieder um zur Mutter, die mit ihrem Mann telefoniert, der ihr sagt, dass es ihm nicht möglich ist, sie zu begleiten. Aber sie möchte ohne ihn nicht gehen. Also ruft sie ihren Vater an und sagt den Besuch ab. Die letzte Szene zeigt wieder die beiden Männer, die sich darüber unterhalten, dass in der vergangenen Nacht wieder jemand im Heim gestorben ist. Da dies oft passiert, berührt es die beiden scheinbar nicht – denn wenn eine Beerdigung stattfindet, können sie wenigstens damit rechnen, dass es Kuchen gibt.

Angeschnittene Themen: Verhältnis Eltern-Kinder; Alter
Schauspieler: 2 Männer, 1 Frau, 1 Mädchen
Predigttitel-Vorschlag: Abgeschoben; Alt – und dann?

DIE ZEIT VERGEHT WIE IM FLUG
von Mike Muhr
Best.-Nr.: D049

Ein Vater kommt von der Arbeit nach Hause und wird von seinem 8-jährigen Sohn begrüßt. Er verspricht, mit ihm zusammen ein Modellraumschiff zu bauen. Sie fangen gleich an, der Sohn geht kurz in die Küche und kommt als 12-Jähriger wieder heraus. Der Vater ist natürlich geschockt, aber der jetzt ältere Sohn hat keine Veränderung bemerkt. Nachdem er erneut in der Küche war, kommt der Junge als 16-Jähriger heraus. Jetzt ist der Vater völlig verwirrt. Ein letztes Mal geht der Sohn in die Küche – und kommt als der ursprüngliche Junge wieder zurück. Der Vater ist sehr erleichtert, und ihm wird bewusst, wie wertvoll die Zeit ist, die er mit seinem Sohn verbringen kann.

Angeschnittene Themen: Vaterschaft; Eltern
Schauspieler: 1 Mann, 3 Jungen (8, 12 und 16 Jahre alt)
Predigttitel-Vorschlag: Wie die Zeit vergeht; Bald ist es zu spät

DIE ZWANGSJACKE von Debra Poling
Best.-Nr.: D017

Ein Mann in einer Zwangsjacke erzählt dem Publikum von seiner schmerzlichen Vergangenheit: Er hat sich für ein Leben in der Zwangsjacke entschieden, weil sie ihn davor bewahrt, seelisch verwundet zu werden. Seine Einengung bietet ihm Sicherheit. Sein Vater war Alkoholiker und schlug seine Mutter, seine Frau hat ihn verlassen, und jetzt lebt er in seinem Kokon. Selbst als sich ihm die Möglichkeit bietet, die Zwangsjacke zu verlassen, bekennt er ohne Emotionen: »Ich weiß nicht, wie ich hier rauskomme.«

Angeschnittenes Thema: Gebundenheit durch Sünde und durch unsere Vergangenheit
Schauspieler: 1 Mann
Predigttitel-Vorschlag: Können Sie wachsen?; Bewusster Kontakt mit Gott

DRAUSSEN von Donna Lagerquist
Best.-Nr.: D018

In diesem Monolog sitzt eine Frau auf einer Parkbank gegenüber einer Kirche und erinnert sich an Erfahrungen aus ihrer Kindheit und Jugend, als sie jede Woche in einer Kirche saß, »dritte Reihe links«. Die Illusion von einer glücklichen christlichen Familie wurde an dem Tag zunichte gemacht, als ihre Mutter ankündigte, dass sie sich von ihrem Vater scheiden lassen wollte. Seit dieser Zeit saßen »die Geschiedene und ihre Kinder« in der Kirche ganz hinten, ausgestoßen und unwillkommen. Zornig zählt sie die Reihe der Enttäuschungen auf, die sie in diesen schwierigen Jahren von denen hat hinnehmen müssen, die sich selbst als »das Licht der Welt und das Salz der Erde« bezeichnen. Als sie erwachsen ist, verließ die Frau die Kirche – und kam nicht mehr zurück. Nahe ist sie ihr nun auf der zweiten Parkbank rechts vom Gehsteig.

Angeschnittene Themen: Salz und Licht sein; Wie Kirchen manchmal Menschen von Gott trennen können
Schauspieler: 1 Frau
Predigttitel-Vorschlag: Die großartigste Predigt der Geschichte

EIERSUCHE von Donna Lagerquist
Best.-Nr.: E019

Eine Familie sammelt sich zu Hause nach dem Ostergottesdienst. Inmitten des großen Trubels, den die Oma mit ihren Vorbereitungen zum Festessen erzeugt, stellt die kleine Anja eine Reihe von Fragen über die Bedeutung verschiedener Ostertraditionen – und erhält lustige bis schräge Antworten. Einige Fragen sind eher einfach: „Warum essen wir an

Ostern Braten?" – „Weil Jesus seinen Leib gegeben hat", antwortet die Oma. Andere Fragen gehen an die Substanz, wenn sie zum Beispiel das leere Grab betreffen. Laura, Anjas Tante, benutzt kleine Plastikfigürchen, um der Familie die Botschaft der Osterfeiertage zu erklären.
Angeschnittene Themen: Ostern
Schauspieler: 2 Männer, 3 Frauen, 2 Kinder
Predigttitel-Vorschlag: Frohe Ostern; Ach, du dickes Ei

EIN ATTRAKTIVES GESCHÄFT von Mark Demel
Best.-Nr.: E015

Bernd und Susanne sind Kollegen, die sich »zufällig« nach den Bürostunden im Büro treffen. Im nun folgenden Gespräch beglückwünschen sie sich zu einem gemeinsam erledigten Projekt. Ein sich anbahnendes Verhältnis zwischen dem Familienvater und der Sekretärin beginnt sich abzuzeichnen.
Angeschnittene Themen: Treue; Ehe; Verantwortung
Schauspieler: 1 Mann, 1 Frau
Predigttitel-Vorschlag: Einmal ist keinmal; Kann denn Liebe Sünde sein; Gelegenheit macht Liebe

EIN HERZSTÜCK von Debra Poling
Best.-Nr.: E001

Diese Solopantomime zeigt eine Frau in drei Lebensabschnitten: als Kind, als Teenager und als Frau am Arbeitsplatz. In jedem Abschnitt demonstriert die Erzählung, wie die Frau an »gebrochenem Herzen« leidet. Am Ende ist Gott derjenige, der ihr Herz repariert und es ihr gefüllt und stark zurückgibt.
Angeschnittene Themen: Gott heilt die gebrochenen Herzen; Enttäuschung
Schauspieler: 1 Frau
Predigttitel-Vorschlag: Ein Herz für Gott

EIN MUTTERTAG von Donna Lagerquist
Best.-Nr.: E002

Es ist Muttertag, und Julia ist enttäuscht und ein bisschen ärgerlich, dass ihre Mutter (eine Schauspielerin auf Tournee) nicht bei ihr und ihrem neugeborenen Sohn sein kann, während ihr Mann auf Geschäftsreise ist. Julia stimmt widerwillig dem Vorschlag ihres Mannes zu, ein Kindermädchen einzustellen, das ihr hilft, solange er unterwegs ist. Als das Kindermädchen Sophia, eine Ausländerin, erscheint, ist Julia angenehm überrascht über die heimelige Atmosphäre, die diese trotz eines starken Akzents und komischen Gebarens verbreitet. Nach einer Weile erscheinen Sophias Bemühungen Julia vertraut. Und schließlich, zu Julias großer Überraschung, offenbart sie ihre wahre Identität.
Angeschnittenes Thema: Muttertag
Schauspieler: 1 Mann, 2 Frauen
Predigttitel-Vorschlag: Überrascht von Gott; Überrascht von Gottes Macht

EIN NETTER JUNGE von Donna Lagerquist
Best.-Nr.: E003

Sandra hat eine Stelle als Lehrerin bekommen. Ihr Bruder Bernd hilft ihr dabei, ihre Unterlagen in das Klassenzimmer zu tragen. Zufälligerweise war dies vor vielen Jahren auch Bernds Klassenraum, als er in der fünften Klasse war, und er erinnert sich an einige lustige Begebenheiten aus dieser Zeit. Die Stimmung schlägt um, als er plötzlich entdeckt, dass die Heizung noch immer von der Wand abgerissen ist. Bernd erinnert sich daran, dass er und einige Klassenkameraden dort einen Außenseiter der Klasse festgebunden und ihm dann vor versammelter Klasse die Hosen heruntergezogen hatten. Bernd fühlt sich schuldig – vor allem, da er weiß, dass dieser Junge vor wenigen Jahren Selbstmord begangen hat. Bernd ist sich bewusst, dass ihn alle für einen netten Jungen halten, dass er aber eigentlich auch zu Schrecklichem fähig ist.
Angeschnittene Themen: Reue; Verfehlungen zugeben; Sünden der Vergangenheit
Schauspieler: 1 Mann, 1 Frau
Predigttitel-Vorschlag: Erzähl es jemandem; Jugendsünden

EIN WENIG ANDERS von Donna Lagerquist
Best.-Nr.: E004

Das frisch verheiratete Ehepaar Julia und Daniel macht einen Abstecher, um Julias Tante Linda zu besuchen. Linda ist eine schrullige Dame, die ständig über ihre Diabetes-Erkrankung spricht, die die Unterhaltung ansonsten völlig ignoriert und sich stattdessen lieber das »Glücksrad« im Fernsehen anschaut. Als die beiden schließlich gehen, macht Daniel eine Bemerkung darüber, dass seine Mutter auch Diabetikerin ist, aber nicht den ganzen Tag herumsitzt und sich selbst bemitleidet. Julia weiß selbst, dass es schwer ist, ihre Tante zu mögen, aber sie weitet den Blick: Linda verlor vor 18 Jahren bei einem Autounfall ihren

Mann und ihre Tochter. David ist nachdenklich, als die beiden schließlich gehen und Tante Linda alleine vor dem Fernseher zurücklassen.
Angeschnittene Themen: die Unliebenswerten lieben; die Geschichte hinter den Menschen, die wir nicht mögen
Schauspieler: 1 Mann, 2 Frauen
Predigttitel-Vorschlag: Die »lieben« Verwandten; Familie, Familie

EINE STUNDE AM MITTWOCH
von Sharon Sherbondy
Best.-Nr.: E005

Chris und Laura sind ein Ehepaar, das auf der Überholspur lebt. Ihr überfüllter Terminkalender lässt ihnen kaum Zeit füreinander. Als Laura ihrem Mann eröffnet, dass sie schwanger ist, lautet Chris' maschinenhafte Antwort nur: »Februar ist ein schlechter Monat.« Am Ende ist Laura völlig verletzt von seiner Unsensibilität.
Auch wenn das Theaterstück überwiegend komisch ist, führt es zu einem sehr schmerzlichen Ende.
Angeschnittene Themen: Ehe; die schädlichen Auswirkungen eines hohen Lebenstempos
Schauspieler: 1 Mann, 1 Frau
Predigttitel-Vorschlag: Sei ehrlich zu Gott

EINE WAHRE LAWINE von Judson Poling
Best.-Nr.: E016

Verschiede kurze Berichte, angefangen mit dem des Religionslehrers, Herrn Vermesser, ein fröhlicher Mensch, der seinen Beruf und die Kinder seiner Klassen liebt. Es folgen Berichte von Menschen, die durch ihn positiv geprägt wurden, sowie von anderen, die wiederum von diesen positiv verändert wurden. Ein wunderschönes Stück darüber, was wir in dieser Welt verändern können.
Angeschnittene Themen: Verantwortung; Beziehungen
Schauspieler: 5 Männer, 5 Frauen
Predigttitel-Vorschlag: Haben Sie das Beste aus sich gemacht?

EINE ZEIT DER STILLE von Sharon Sherbondy
Best.-Nr.: E006

Dieses Theaterstück beschäftigt sich mit dem Problem so vieler Menschen: Gott in ihrer Stillen Zeit ihre volle Aufmerksamkeit zu widmen. In diesem Theaterstück versucht eine frisch gebackene Mutter erfolglos, gegen die Ablenkungen und Anforderungen ihrer augenblicklichen Situation anzukämpfen. Viele junge Mütter werden sich in diesem komischen Theaterstück wieder erkennen.
Angeschnittenes Thema: Gebet
Schauspieler: 1 Frau
Predigttitel-Vorschlag: Die Macht des Gebets; Verblüffende Gebetserhörungen; Erste Schritte im Glauben

EINE ZWEITE CHANCE von Sharon Sherbondy
Best.-Nr.: E007

Anton und Marga haben die schwierige und scheinbar aller Logik widersprechende Entscheidung getroffen, Antons Vater Erwin, der nach dem Tod seiner Frau allein lebt, aufzunehmen. Beide sind der festen Überzeugung, dass Gott sie zu dieser Entscheidung geführt hat. Auch wenn sie durch einen anderen Christen und durch Erwins schwierige Persönlichkeit herausgefordert werden, wollen sie weiterhin bewusst auf Gottes Führung vertrauen.
Angeschnittene Themen: Entscheidungen treffen; eine schwere Wahl; Vater-Sohn-Beziehungen
Schauspieler: 3 Männer, 1 Frau
Predigttitel-Vorschlag: Die Kunst, Entscheidungen zu treffen; Vater weiß es am besten …

EINFACH NEIN SAGEN Judson Poling
Best.-Nr.: E017

In einer Gemeindemitarbeiter-Versammlung beklagen sich Mitarbeiter bei ihrem Pastor über die schwindenden Besucherzahlen. In der weiteren Diskussion über die Anschaffung neuer Arbeitsmittel macht der Pastor sein Verständnis von Dienst deutlich. Wie Sklaven erledigen seine Mitarbeiter jede gewünschte Arbeit ohne Rücksicht auf die eigene Familie oder Gesundheit.
Angeschnittene Themen: dienen; Familie
Schauspieler: 4 Männer, 2 Frauen
Predigttitel-Vorschlag: Geistlicher Missbrauch; Gottes Vertreter auf Erden

EINFACH SCHÖN von Donna Lagerquist
Best.-Nr.: E008

Diese Pantomime zeigt, wie die Bibel oft nur als ein schöner Gegenstand betrachtet wird, den man eben in einem Haushalt hat. Das Stück zeigt eine Frau, die in verschiedenen Abschnitten ihres Lebens immer wieder auf ihre Bibel stößt: als Baby, als Kind, in ihrer Jugend, in ihrer Ehe, in der Midlife-Krise und schließlich bei ihrem Tod. Auch wenn sie ihre

Bibel sehr oft verwendet, kommt es doch nie dazu, dass sie sie öffnet und darin liest.
Angeschnittenes Thema: Einstellung zur Bibel
Schauspieler: 2 Männer, 1 Frau
Predigttitel-Vorschlag: Glaube hat Gründe; Warum an die Bibel glauben?; Mehr als nur ein Buch

EINKAUFEN NACH GUERILLA-ART
von Sharon Sherbondy
Best.-Nr.: E012

Ein heiterer Blick auf den Konsumterror zur Weihnachtszeit. Eine Familie hat die ultimative Möglichkeit gefunden, den Einkaufsrummel vor Weihnachten zu umgehen: Die Familienmitglieder verbringen die Nacht vor dem Einkaufszentrum. Wenn die Geschäfte öffnen, setzen sie Walkie-Talkies, vorbereitete Einkaufslisten und Guerilla-Taktiken ein, um alles, was auf ihren Listen steht, in weniger als vier Minuten zu kaufen. Am Ende kommen sie siegreich nach Hause – und vergessen die eigentliche Bedeutung des Festes.
Angeschnittene Themen: Weihnachtseinkäufe; Materialismus
Schauspieler: 1 Mann, 3 Frauen, 2 Kinder, eine Menge Statisten
Predigttitel-Vorschlag: Konsumterror zur Weihnachtszeit; Ein Hoch auf das Fest der Liebe

EINS NACH DEM ANDERN
von Sharon Sherbondy
Best.-Nr.: E009

Dieses Theaterstück wirft einen humorvollen Blick auf eine Familie, in der das Kind die zentrale Rolle übernommen hat. Karin und Georg sind seit zehn Monaten Eltern und ihr Leben hat sich seitdem drastisch verändert. Vor allem Karin merkt, dass es schwierig ist, den Bedürfnissen des Babys gerecht zu werden und trotzdem noch eine gute Ehe zu führen.
Angeschnittene Themen: Junge Eltern; Prioritäten; Balance zwischen Kindern und Ehe
Schauspieler: 1 Mann, 1 Frau, 1 Kind
Predigttitel-Vorschlag: Gefahren in einem modernen Haushalt; Jetzt sind wir zu dritt

ELTERN IN RENTE
von Donna Lagerquist und Steve Pederson
Best.-Nr.: E020

Paul und Nadja haben gerade ihre Tochter zur Uni gebracht. Wieder zu Hause angekommen, sind sie einerseits froh, einen ruhigen Abend vor sich zu haben, andererseits fällt es ihnen schwer, von der Elternrolle Abschied zu nehmen und nicht mehr gebraucht zu werden. Nadja sagt: »Ich fühle mich, als wäre ich gerade von meinem Job als Mutter gefeuert worden.« Aber Paul macht ihr klar, dass die beiden den Schritt in die Elternschaft ebenso gut geschafft haben, wie sie den Schritt in den elterlichen Ruhestand schaffen werden. Diese äußere, ruhige Fassade beginnt erst zu bröckeln, als das Telefon klingelt, und Paul hofft, es könne seine Tochter sein.
Angeschnittene Themen: elterlicher Ruhestand; Elternschaft; Kinder; Erwachsenwerden
Schauspieler: 1 Mann, 1 Frau
Predigttitel-Vorschlag: Das Leben nach der Elternschaft; Wenn Kinder flügge werden …

ERINNERUNGEN von Judson Poling
Best.-Nr.: E010

Während sie ihrer Mutter beim Umzug helfen, reden Susanne und Johannes über ihren kürzlich verstorbenen Vater. Johannes ist wütend, weil er zwar Zugang zu dem Besitz seines Vaters hatte, trotzdem bei ihm aber immer das Gefühl zurückblieb, dass sein Vater nie Zeit für ihn hatte. Als er später allein ist und in einigen Briefen herumstöbert, die er seinem Vater einmal geschrieben hat, wird ihm plötzlich schmerzlich bewusst, dass einmal eine wirkliche Beziehung zwischen ihnen bestand.
Angeschnittene Themen: Eltern-Kind-Beziehungen; Vergebung; das fünfte Gebot
Schauspieler: 1 Mann, 1 Frau
Predigttitel-Vorschlag: Das fünfte Gebot; Ehre deine Eltern

ES KOMMT DARAUF AN von Sharon Sherbondy
Best.-Nr.: E011

Wussten Sie, dass Christen immer Schwarz tragen? Dass sie niemals ins Kino gehen? Und dass sie nie Mittwochs den Rasen mähen? Dieses Theaterstück wirft einen humorvollen Blick auf die falschen Vorstellungen mancher Leute, wie das Leben eines Christen auszusehen hat.
Angeschnittene Themen: Christlicher Lebensstil; falsche Vorstellungen vom christlichen Glauben
Schauspieler: 3 Männer, 1 Frau
Predigttitel-Vorschlag: Das Abenteuer des christlichen Glaubens

ETWAS VERÄNDERN von Mark Demel
Best.-Nr.: E021

In diesem Monolog beklagt sich eine Frau

über ihre Unfähigkeit, die Probleme der Welt zu lösen. Ihr voll gestopfter Tagesablauf – ausnahmslos sinnvolle und gute Dinge – lässt sie täglich erschöpft zurück, ohne Zeit und Kraft, etwas gegen den Welthunger zu unternehmen. Sogar beim Einkaufen im Supermarkt gerät sie in Verzweiflung, als sie dort eine Obdachlose antrifft. Frustriert beschwert sie sich: »Selbst wenn ich etwas verändere, im Grunde verändere ich doch nichts!«
Angeschnittenes Thema: Überforderung
Schauspieler: 1 Frau
Predigttitel-Vorschlag: Ein Tropfen auf dem heißen Stein; Was würde Jesus zu Mutter Teresa sagen?

FALSCH EINGESCHÄTZT von Brian Svenkeson und Steve Pederson
Best.-Nr.: F001
Als ein älterer Mann ein Krankenhauszimmer betritt, erfahren wir aus seinem Gespräch mit einer Krankenschwester, dass er seinen erwachsenen Sohn besucht. Als sein Sohn schließlich erscheint, erkennt man, dass dieser offensichtlich sehr krank ist. Im Laufe der Unterhaltung kommt die schreckliche Wahrheit ans Licht: Er hat AIDS. Dem Vater fällt es schwer, die Krankheit und den Lebensstil, der die Ursache für diese Krankheit ist, zu akzeptieren. Doch schließlich wird ihm bewusst, dass sein Sohn doch sein Sohn ist, der Sohn, den er liebt, und der Sohn, bei dem er bis zum Ende bleiben will.
Angeschnittene Themen: Vatertag; Homosexualität; AIDS
Schauspieler: 2 Männer, 1 Frau
Predigttitel-Vorschlag: Vatertag; Väter – Was auch immer du tust

FAMILIENKRACH von Judson Poling
Best.-Nr.: F002
Dieses Theaterstück wirft einen humorvollen Blick auf eine ganz alltägliche Herausforderung: die Kommunikation in der Ehe. Der Joker aus dem Film »Batman« und die böse Hexe aus dem Märchen haben ihre normale Umgebung verlassen und sind in die Wohnung von Michael und Barbara eingebrochen. Ihr Auftrag ist es, einen Familienkrach zu inszenieren. Barbara und Michael sind müde, überarbeitet und haben in letzter Zeit nicht viel Zeit miteinander verbracht – Faktoren, die die Kommunikation erschweren und für Spannungen sorgen.
Angeschnittene Themen: Ehe; Kommunikation; unangebrachte Reaktionen
Schauspieler: 2 Männer, 2 Frauen
Predigttitel-Vorschlag: Was zu Hause am meisten hilft oder verletzt

FAMILIENWERTE von Judson Poling
Best.-Nr.: F003
Paula und ihre Mutter treffen sich nach einer, wie es scheint, sehr langen Trennungszeit wieder. Ihre Mutter möchte, dass Paula mit nach Hause kommt, aber diese weigert sich, die Sekte, in die sie hineingeraten ist, zu verlassen. Als ihre Mutter das Leben beschreibt, das zu Hause auf Paula wartet, merkt man, dass es alles andere als verlockend ist. Doch auch der Einfluss, den die Sekte auf Paula ausübt, zeigt uns, dass sie einer Gehirnwäsche unterzogen worden ist.
Ein Mitglied der Gruppe kommt schließlich hinzu, um Paula zurückzubegleiten. Diese entschließt sich, mit ihm zu gehen. Ihre Mutter bleibt in einem leeren Raum allein zurück.
Angeschnittene Themen: Sekten; zerbrochene Familien
Schauspieler: 2 Frauen, 2 Männer
Predigttitel-Vorschlag: Religion läuft Amok; Alternativen zum christlichen Glauben?; Flucht aus dem Elternhaus

FINGER WEG! von Sharon Sherbondy
Best.-Nr.: F004
Ein Mann und eine Frau treffen sich zu einem romantischen Dinner. Der Abend nimmt eine komische Wendung, als beide versuchen, ihre »Entscheidung nicht zu ... du weißt schon ...« aufrechtzuerhalten. Beide sehen sich von vielen Seiten der Versuchung ausgesetzt: vom Radio, von Zeitschriften, vom Fernsehen, von Filmen und Gleichaltrigen. Das Publikum wird lachen, wenn es sieht, wie das Paar diese Fallen meidet, bekommt aber ein realistisches Bild davon, welchen Versuchungen Singles ausgesetzt sind.
Angeschnittene Themen: Sexualität; Rendezvous; Versuchung
Schauspieler: 1 Mann, 1 Frau
Predigttitel-Vorschlag: Der Wandel der Zeiten; Sexualität im Wandel

FLÜGGE von Sharon Sherbondy
Best.-Nr.: F008
Eine Mutter kommt mit frischer Wäsche in das Zimmer ihrer Teenie-Tochter. Die Unterhaltung

ist zwar knapp, aber nicht unherzlich. Als die Mutter bemerkt, dass Jenny ein Nasenpiercing hat, ist sie unangenehm überrascht. Der folgende Streit ist nur einer in einer ganzen Reihe von Auseinandersetzungen über Jennys Verhalten.

Fazit: Es gibt keine einfachen Antworten im Umgang mit Teenagern, die zwar ökonomisch von den Eltern abhängig sind, aber bereits ihre eigenen Entscheidungen fällen wollen – und sollten.

Angeschnittene Themen: Umgang mit dem Erwachsenwerden
Schauspieler: 2 Frauen, eine davon im Teenager-Alter
Predigttitel-Vorschlag: Wie lebe ich mit meinen Kindern, ohne durchzudrehen?

FLUGZEUGGESPRÄCH
von Eva-Maria Admiral und Eric Wehrlin
Best.-Nr.: F009

Im Flugzeug verwickelt Daniel, der zum ersten Mal fliegt, seinen Sitznachbarn Bernd, einen Atheisten, in ein Gespräch über Gott und die Welt. Als die Maschine auf einmal abzustürzen droht, ändert sich Bernds Einstellung zu Gott schlagartig. Der Mann fällt auf die Knie und verspricht sogar, Missionar zu werden. Doch als die Lage wieder unter Kontrolle ist, wird Gott beiseite geschoben.

Angeschnittene Themen: über den Glauben reden; Glaube in der Not
Schauspieler: 2 Männer
Predigttitel-Vorschlag: Flucht in den Glauben; Gott in der Not

FREUNDE von Sharon Sherbondy
Best.-Nr.: F005

Walter kommt von der Arbeit nach Hause, wird jedoch von seiner Frau Johanna nur flüchtig begrüßt. Sie steht noch unter dem Eindruck eines Gesprächs mit ihrer Freundin Susanne. Diese kommt oft zu Besuch, um sich bei Johanna auszusprechen. Walter hat Susanne und ihre Probleme satt und findet eine Entschuldigung, um ihr aus dem Weg zu gehen. Susanne hat Probleme mit ihrer Ehe und ihrer Familie und benötigt eigentlich professionelle Beratung, die sie aber nicht in Anspruch nehmen möchte. Johanna weiß nicht, wie sie Susanne die Wahrheit sagen soll, weil sie fürchtet, diese zu verletzen. In der Zwischenzeit haben diese »Gespräche« auch Spannungen in Johannas Ehe ausgelöst. Schließlich führt diese doch eine schwierige, aber ehrliche Unterhaltung mit Susanne, in der sie ihr noch einmal vorschlägt, einen Psychologen aufzusuchen. Susanne fühlt sich verraten.

Angeschnittene Themen: Freundschaft; die Wahrheit sagen
Schauspieler: 1 Mann, 2 Frauen
Predigttitel-Vorschlag: Bereichern Sie Ihre Beziehungen; Das Geheimnis dauerhafter Freundschaften

GEBETSVERBLÜFFUNG von Judson Poling
Best.-Nr.: G006

Mehrere kurze Szenen illustrieren auf witzige Weise die vorherrschenden Vorstellungen von »Gebet«. In der ersten Szene betet eine Gruppe von Menschen leidenschaftlich darum, dass es ihnen gelingt, dem gegnerischen Team den Kopf von den Schultern zu reißen. Dann wird das Nachtgebet eines Kindes zur verwirrenden theologischen Lektion einer Mutter, die nicht so richtig weiß, warum man betet. In der nächsten Szene spricht ein Mann ein Tischgebet, wobei er seine Stimme sehr heilig klingen lässt und eine Menge frommer Vokabeln verwendet. Ein Teenager betet darum, dass Gott ihrer ehemaligen Freundin, die ihr den Freund ausgespannt hat, die gerechte Strafe zukommen lässt. Ein Schiffbrüchiger verspricht Gott alles, wenn er nur gerettet wird – und wirft alle Versprechen über Bord, als dies tatsächlich geschieht. Auch passt ein auswendig gelerntes Tischgebet nicht so richtig bei einer Beerdigung. Schließlich zieht sich eine Ausschuss-Sitzung, in der Gebete auf einen neuen Stand gebracht werden sollten, ganz lächerlich in die Länge. Am Ende paraphrasieren die Handelnden das Vaterunser und der Zuschauer erkennt, wie wundervoll einfach das Modell Jesu doch ist.

Angeschnittene Themen: Vaterunser; Gebet; christliche Masken; Glaube im Alltag
Schauspieler: 2 Männer, 2 Frauen (die jeweils mehrere Rollen übernehmen)
Predigttitel-Vorschlag: Die beste Predigt aller Zeiten; Leere Worte; Wozu beten?

GEFANGEN IM NETZ von Mark Demel
Best.-Nr.: G012

Sarah kommt aus dem Büro nach Hause und berichtet ihrem Mann Matthias, dass sie

endlich einen neuen PC bekommen hat. Im Austausch dafür hat sie den alten, den sie zuhause benutzt hatte, mit ins Büro genommen. Nun muss ihr Matthias gestehen, dass er – obwohl er Pastor ist – pornografische Webseiten besucht hat.
Angesprochene Themen: Internet-Sucht; Umgang mit Sexualität
Schauspieler: 1 Mann, 1 Frau
Predigtthema-Vorschlag: Und führe dich nicht in Versuchung

GEGENSÄTZE von Donna Lagerquist
Best.-Nr.: G016
Peter und Katja sind bei einem befreundeten Rechtsanwalt, um ein Testament aufzusetzen. Katja reagiert bei der Vorstellung, dass das Testament tatsächlich in Kraft treten könnte (d. h. wenn sie oder Peter stirbt) sehr emotional. Peter, der eher praktisch veranlagt ist, versucht Katja klarzumachen, dass sie übertreibt (wie immer). Komischerweise erlebt Peter, nachdem sie beide das Testament unterschrieben haben, eine kleine Überraschung, die nun seinerseits eine »Überreaktion« hervorruft ... sehr zu Katjas Genugtuung.
Angeschnittene Themen: Tod; Ehe
Schauspieler: 2 Männer, 1 Frau
Predigttitel-Vorschlag: Verstandesmenschen kontra Gefühlsmenschen; Wo verbringen Sie die Ewigkeit?

GESCHLECHTERKAMPF von Judson Poling
Best.-Nr.: G001
Sven und Janne geloben unabhängig voneinander, nie wieder eine romantische Beziehung einzugehen. Gerade als sie ewige Keuschheit schwören und entscheiden, ein Kloster sei ihre einzige Hoffnung, treffen sie sich. Ihre Versprechungen schmelzen in der Wärme sexueller Anziehungskraft dahin. Aber keine Angst, Klementine, die »Waschexpertin der Nation«, kommt im richtigen Moment zu Hilfe und schüttet ihr »etwas besseres« kaltes Wasser über die sich anbahnende Romanze.
Angeschnittene Themen: Sexualität; Romantik; Singledasein; Rendezvous; ethische Fragen
Schauspieler: 1 Mann, 2 Frauen
Predigttitel-Vorschlag: Entdecken Sie, wie Gott sich Sexualität gedacht hat

GESPRÄCH AUF EINER WIESE
von Judson Poling
Best.-Nr.: G002
Zwei Lilien und zwei Raben sind unzufrieden mit ihrem Schicksal. Nachdem sie sich viele Sorgen gemacht und dabei in helle Aufregung geraten sind, erkennen sie, dass Gott sie geschaffen hat, damit sie Spaß daran haben, Lilien bzw. Raben zu sein, und dass er sich um ihre Bedürfnisse kümmern wird.
Angeschnittene Themen: Existenzangst; Sorgen
Schauspieler: 2 Männer, 2 Frauen
Predigttitel-Vorschlag: Illustration der Identität Gottes; Gott als unser Versorger; Die Freude, Gott zu spielen

GETRIEBEN von Donna Lagerquist
Best.-Nr.: G007
Auf dem Weg zu einem Festbankett, bei dem David als erfolgreichster Verkäufer des Jahres geehrt werden soll, entbrennt zwischen ihm und seiner Frau ein Streit. Sie macht ihrem Frust über die negativen Veränderungen Luft, die sie bei ihm feststellt, seit er beruflich erfolgreich ist. Er dagegen erkennt nicht, welchen Preis er und seine Familie für seine Karriere zahlen müssen. Ebensowenig sieht er ein, dass Teil seines Problems sein Bemühen ist, den Vorstellungen seines verstorbenen Vaters zu entsprechen. Schließlich steigt seine Frau aus dem Auto aus und überlässt David seinem Erfolg. Während die Bühnenbeleuchtung erlischt, sitzt David in seinem Wagen, frustriert und allein gelassen.
Angeschnittene Themen: Arbeitssucht; Ehe
Schauspieler: 1 Mann, 1 Frau
Predigttitel-Vorschlag: Das harte Arbeits-Los – wenn der Beruf zum Ein und Alles wird

GLAUBE von Judson Poling
Best.-Nr.: G015
Machen Sie mit bei der witzigen Rateshow »Jeopardy« und folgen Sie den Teilnehmern bei ihren Versuchen, die grundlegenden Fragen des Christentums zu beantworten. Wissen Sie, was »Genesis« ist oder kennen Sie die Zehn Gebote?
Angesprochene Themen: grundlegende Fragen des Glaubens
Schauspieler: 3 Männer, 1 Frau
Predigtthema-Vorschlag: Die christliche Ratesendung

GLEICH NACH DER ASU von Mark Demel
Best.-Nr.: G008
In diesem Monolog erinnert sich eine Frau an eine Arbeitskollegin, neben der sie auf

der letzten Weihnachtsfeier saß und mit der sie sich gut verstand. Später schrieb sie den Namen mit vielen anderen Dingen auf eine To-do-Liste, um sie irgendwann einmal anzurufen – gleich unter die Notiz, dass ihr Jetta zur Abgasuntersuchung gebracht werden muss. Aber wie es mit so vielen wichtigen, aber nicht dringenden Dingen ist, rief sie die Kollegin nie an, und im letzten Sommer starb die Kollegin an einer Überdosis. Die Frau fragt sich, was sie hätte tun können, und spielt Möglichkeiten durch, die nun unmöglich geworden sind. Schließlich hebt sie ihre To-do-Liste auf – als Erinnerung daran, was ihr im Leben wirklich wichtig sein sollte.

Angeschnittenes Thema: Menschen wichtig nehmen
Schauspieler: 1 Frau
Predigttitel-Vorschlag: Was zählt wirklich in Ihrem Leben?

GOTT, GEH WEG! von verschiedenen Autoren
Best.-Nr.: G003

Dieses Theaterstück ist eine Werbesendung für »Gott, geh weg!«, ein neues Produkt, das garantiert, dass das Gewissen leichter und Gottes leise Stimme zum Verstummen gebracht wird. Ein Vertreter zeigt uns die Effektivität dieser Pillen, die es den Menschen ermöglichen zu tun, was sie wollen, ohne sich später schuldig zu fühlen.

Am Ende sehen wir, wie vergeblich ein solcher Versuch ist.

Angeschnittene Themen: auf Gott hören; Führung von Gott
Schauspieler: 2 Männer, 1 Frau
Predigttitel-Vorschlag: Überlassen Sie Gott das Steuer

GOTT SPIELEN von Donna Lagerquist
Best.-Nr.: G009

In diesem Monolog kämpft ein Mann mit dem Wissen, dass sein kranker Vater mit einer einfachen Überdosis Tabletten von seinem Leiden erlöst werden könnte. Es scheint so richtig zu sein – dem Leiden ein Ende zu machen und seinen Vater nicht in diesem Zustand erleben zu müssen. Der bislang so aktive Mann muss jetzt rund um die Uhr betreut werden. Der Mann ist innerlich zerrissen. Er weiß, dass es zwar eine schwere Last ist, für seinen Vater zu sorgen, aber dass es eine viel schwerere Bürde zu tragen wäre, wenn er Gott spielen würde.

Angeschnittene Themen: alternde Eltern; Sterbehilfe
Schauspieler: 1 Mann
Predigttitel-Vorschlag: Was würde Jesus tun?; Sterbehilfe ja oder nein?

GRAND CANYON von Daniel S. Johnson
Best.-Nr.: G010

Ein Ehepaar erzählt die Geschichte seiner Desillusionierung und der Zerstörung seiner relativ kurzen Ehe. Erwartungen blieben unerfüllt, und beide sind sich nicht sicher, ob sie ihre Ehe so weiterführen können. Es wäre verlockend, sich scheiden zu lassen oder sich in eine außereheliche Affäre zu stürzen. In einer überraschenden Wende endet das Stück damit, dass die Frau den Befund ihres Arztes erhält und ihrem Mann verkündet: »Ich habe eine gute Nachricht für dich …«

Angeschnittenes Thema: Ehe
Schauspieler: 1 Mann, 1 Frau
Predigttitel-Vorschlag: In guten und in schlechten Zeiten …

GROSSE ERWARTUNGEN
von Sharon Sherbondy
Best.-Nr.: G004

Es scheint so, als ob sich das lang ersehnte Gebet von Katharina und Gregor schließlich erfüllt: In wenigen Stunden sollen sie endlich die Eltern eines Adoptivkindes werden. Völlig unerwartet ändert die leibliche Mutter dann doch ihre Meinung in Bezug auf die Adoption. Katharina und Gregor bleiben wieder kinderlos und fragen sich, warum Gott ihre Gebete nicht erhört hat.

Angeschnittenes Thema: das unbeantwortete Gebet
Schauspieler: 1 Mann, 2 Frauen
Predigttitel-Vorschlag: Die Macht des Gebets; Was tun, wenn Gott schweigt?

GRUND GENUG? von Sharon Sherbondy
Best.-Nr.: G005

Während ihrer wöchentlichen Therapiesitzung spricht Susanne über alles – vom Fernsehprogramm bis zu Fragen über die Existenz Gottes. Susanne glaubt nicht an Gott, aber nicht, weil sie es nicht möchte, sondern weil ihr ihre Eltern in dieser Hinsicht ein schlechtes Vorbild waren: Als sie aufwuchs, vermittelten ihr diese ein falsches Gottesbild, und jetzt als Erwachsene weiß sie nicht, wo sie Antworten bekommen kann.

Angeschnittenes Thema: Wie wichtig es ist, dass Glaube begründet ist
Schauspieler: 1 Mann, 2 Frauen
Predigttitel-Vorschlag: Völlig informierte Nachfolger

GUCK MAL, WER DA LAUSCHT
von Donna Lagerquist
Best.-Nr.: G011

Dieses Theaterstück setzt sich heiter mit Missverständnissen hinsichtlich der Erwachsenentaufe auseinander. Vier Büroangestellte hören ein Telefongespräch eines Christen mit an. Dieser sitzt in einem angrenzenden Raum und spricht davon, dass er sich am folgenden Wochenende taufen lassen möchte. Witzig wird es, als jeder der Zuhörer nur Teile der Unterhaltung versteht. Der eine denkt, dass er beschnitten wird (öffentlich!); eine andere, dass er eine Prüfung ablegt, um sich beruflich zu qualifizieren; eine andere denkt, dass er sich einer Operation unterziehen muss. Sogar als sie klar und deutlich hören, dass er sich taufen lassen will, können sie die Gründe dafür nicht nachvollziehen.

Angeschnittene Themen: Taufe; neu im Glauben; falsche Vorstellungen über den Glauben
Schauspieler: 1 Mann, 3 Frauen, eine männliche Stimme hinter der Bühne
Predigttitel-Vorschlag: Taufe

HERR HIBBS GEHT IN DEN ZOO
von verschiedenen Autoren
Best.-Nr.: H001

Diese einfache, aber wirkungsvolle Pantomime erzählt die Geschichte eines Mannes, dessen freier Tag sich anders gestaltet, als er es geplant hat. Auf seinem Weg zum Zoo wird Herr Hibbs mit verschiedenen bedürftigen Leuten konfrontiert: ein kleines Mädchen, das völlig verzweifelt ist, weil es seinen Luftballon verloren hat, eine Frau, die gerade ausgeraubt wurde, und ein hungriger, obdachloser Mann. Herr Hibbs hält an und hilft jedem Einzelnen: Er kauft dem Mädchen einen neuen Ballon, gibt der Frau seinen Mantel und dem Mann seine eigene Verpflegung. Als Herr Hibbs schließlich zum Zoo kommt, ist dieser bereits geschlossen. Er ist enttäuscht, sogar ärgerlich. Auf seinem Heimweg wird er dann daran erinnert, wie sinnvoll sein Tag war, als ihm die Personen ihre Freundlichkeit erweisen, denen er zuvor geholfen hat.

Angeschnittene Themen: anderen dienen; Selbstverleugnung; von Gott gebraucht werden
Schauspieler: 3 Männer, 1 Frau, 1 Kind
Predigttitel-Vorschlag: Wie Ihr Christsein ansteckend wird; Bringen Opfer auch Gewinn?

HERR P. I. NOCCHIO von Judson Poling
Best.-Nr.: H002

Ein Mann mit einer sehr langen Nase betritt die Praxis eines Psychotherapeuten. Er klagt über Probleme, die bis in seine Kindheit zurückreichen und sich in den letzten Monaten verschlimmert haben. Zunächst denkt der Therapeut, dass der Klient von Selbstannahmeproblemen spricht, die von seiner langen Nase herrühren. Aber der Mann erklärt, dass seine Nase nur ein Symptom ist, dass das eigentliche Problem aber aus seiner mangelnden Wahrheitsliebe resultiert. Er ist tatsächlich der inzwischen erwachsene Pinocchio. Der Therapeut versucht verständnisvoll zu sein, aber er schwankt, ob er Herrn Nocchios Geschichte glauben soll oder ob dieser ihn nur auf den Arm nimmt. Der Therapeut schließt die Sitzung mit dem Versprechen einer schnellen Heilung – eine Lüge, die *seine* Nase sofort wachsen lässt.

Angeschnittenes Thema: Ehrlichkeit
Schauspieler: 2 Männer oder 1 Frau und 1 Mann
Predigttitel-Vorschlag: Lügen haben kurze Beine; Wie halten Sie's mit der Wahrheit?

HERR PIEPER GEHT SCHLAFEN
von Donna Lagerquist
Best.-Nr.: H003

Lisa möchte wissen, warum sich Herr Pieper, ihr Vogel, nicht mehr bewegt. Als ihr Vater sagt, dass der Vogel tot ist, bittet ihn Lisa, den Vogel »untot« zu machen. Lisas Mutter spürt, dass Lisa noch nicht alt genug ist, um den Tod zu verstehen. Ihre Großmutter glaubt, dass die meisten Menschen den Tod nicht verstehen oder akzeptieren. Diese erste Begegnung eines Kindes mit dem Tod bringt die Erwachsenen selbst dazu, sich mit den Ängsten und Überzeugungen in ihrem eigenen Leben auseinander zu setzen.

Angeschnittene Themen: Tod; mit der Wahrheit konfrontiert werden
Schauspieler: 1 Mann, 2 Frauen, 1 Kind
Predigttitel-Vorschlag: Der Angst ins Auge sehen; Die Angst vor dem Tod

HERR X, HERR Y UND HERR Z
von Judson Poling

Best.-Nr.: H004

Drei oberflächlich bekannte Nachbarn bleiben auf ihrem Grundstück und schützen sich so vor zu großer menschlicher Nähe. Herr Z aber wird von einem Neuankömmling verändert: Herr Schmitt (»der mit dem komischen Namen«) hilft ihm zu erkennen, wie viel Freude es machen kann, aus dem persönlichen Wohlfühlbereich herauszutreten. Auch wenn er einige Enttäuschung erlebt und dann wieder in seine geschützte Umgebung zurückkehrt, ist ein neuer Anfang gemacht – eine wirkliche Freundschaft hat sich entwickelt, und Herr Z wird nie wieder derselbe sein.

Angeschnittene Themen: Freundschaft; enge Beziehungen
Schauspieler: 4 Männer, 1 Frau und 1 Erzähler
Predigttitel-Vorschlag: Die Vorteile von Brüderschaft; Oberflächlich oder wesentlich

HERZLICHEN GLÜCKWUNSCH
von Donna Lagerquist
Best.-Nr.: H006

Der erste Teil beginnt damit, dass Margit mit ihrer 10-jährigen Tochter Kleidungsstücke zusammenlegt. Plötzlich erscheint ihre achtjährige Tochter, total verdreckt, und macht einige der frisch zusammengelegten Kleidungsstücke schmutzig. Als sich die beiden Mädchen lautstark in die Haare kriegen, wachen die Zwillinge im ersten Stock auf und fangen an zu schreien. Mitten in dieses Chaos tritt der Vater. Und er hat eine Überraschung: Es ist ihr Hochzeitstag und er hat seine Mutter mitgebracht, die sich während des Abends um die Kinder kümmern will, damit er und seine Frau den Tag feiern können.

Der zweite Teil beginnt damit, dass Margit auf komische Weise versucht, ihrer Schwiegermutter alle möglichen Instruktionen für die Kinder zu geben. Als schließlich die Kinder und die Schwiegermutter das Haus verlassen haben, setzt sich das Ehepaar erschöpft auf die Couch, um den Abend zu zweit zu genießen – und schläft prompt ein.

Angeschnittene Themen: Elternschaft; Ehe
Schauspieler: 1 Mann, 2 Frauen, 2 Mädchen
Predigttitel-Vorschlag: Starke Familien fördern

HERZVERSAGEN von Judson Poling
Best.-Nr.: H007

In diesem humorvollen Monolog erzählt Gerhard Geizhals von seiner Verwandlung von einem kalten, hartherzigen Geizkragen zu einem freundlichen und wohltätigen Menschen – und wie es geschehen konnte, dass er sich wieder zurückverwandelte. Nach seinem Entschluss, von nun an großzügiger zu sein, entdeckte er, dass es leider unzählig viele Menschen und Organisationen gibt, die ihre Hand für Spenden und Geschenke aufhalten. Nun weiß er nicht, was er tun soll – wie kann man nett zu anderen sein, ohne ausgebeutet zu werden? Am Ende seines Monologes bittet er das Publikum um Vorschläge – und bekommt keine Antwort.

Angeschnittenes Thema: Geben
Schauspieler: 1 Mann
Predigttitel-Vorschlag: Alle wollen nur dein Bestes: dein Geld

HUNGRIGE KINDER von Donna Lagerquist
Best.-Nr.: H005

Ein nüchterner Blick auf den destruktiven Effekt eines gestörten Familienlebens. Bei einem familiären Essen überträgt sich die feindselige, griesgrämige Stimmung des Vaters auf den Rest der Familie, denn jeder sieht sich seinen verbalen Angriffen ausgesetzt. Die Spannung spitzt sich zu, als der Vater seiner magersüchtigen Tochter Wärme und Verständnis verweigert und auch Mutter und Bruder daran hindert, sie ihr zu geben.

Angeschnittene Themen: Elternschaft; armselige Familienkommunikation; Ärger; Kontrollmechanismen
Schauspieler: 1 Mann, 1 Frau, 1 Junge, 1 Mädchen
Predigttitel-Vorschlag: Der Herausforderung der Familie ins Auge sehen; Zerbrechlich: Bitte vorsichtig behandeln

»ICH BIN« von Mark Demel
Best.-Nr.: I014

Vier Sprecher lesen verschiedene Passagen aus den Evangelien vor, die Jesu Anspruch an sich selbst verdeutlichen. Alle Stellen drehen sich um die »Ich bin«-Worte, zum Beispiel: »Ich bin der gute Hirte«, »Ich bin der Weg« usw.

Dieses Stück unterscheidet sich deutlich von den anderen, lebensnahen Stücken im vorliegenden Katalog, aber die Zusammenstellung der Bibelstellen zeichnet ein kompromissloses Bild der einzigartigen, kontroversen und tröstenden Ansprüche Jesu Christi.

Angeschnittenes Thema: Wer ist Jesus Christus?
Schauspieler: 4 Sprecher

Predigttitel-Vorschlag: Jesus Christus; Unerhörte Ansprüche

ICH, ICH UND CHRIS von Sharon Sherbondy
Best.-Nr.: I001

Bill und sein Alter ego diskutieren über die Versuchung von Sex vor der Ehe. Bills anderes Ich wendet jede nur erdenkliche Taktik und jedes Argument an, um ihn zu verführen – aber vergeblich: Bill bleibt seinen Prinzipien treu.

Angeschnittene Themen: Sexualität; Versuchung; Rendezvous
Schauspieler: 2 Männer, 1 Frau
Predigttitel-Vorschlag: Wenn die Versuchung lockt

ICH MÖCHTE WISSEN, WAS LIEBE WIRKLICH IST von Donna Lagerquist
Best.-Nr.: I009

Die Monologe von fünf Nachbarn werden durch einen weiteren Bewohner eines Apartmenthauses miteinander verwoben, der Gitarre spielt und dazu den Foreigner-Hit »I want to know what love is« singt. Eine Frau denkt, dass sich wahre Liebe schon irgendwie bemerkbar macht, eine andere hat Liebe auf reine Leidenschaft reduziert. Ein junger Vater lässt sich von seiner Liebe zur Arbeit verführen, eine Ehefrau verliert sich in Liebesromanen und eine weitere Frau hat ihr Haus verkauft, um die Medikamente ihres Vaters und das Studium ihrer Tochter bezahlen zu können.

Angeschnittene Themen: falsche Vorstellungen von Liebe; Opfer als höchster Liebesbeweis
Schauspieler: 1 Mann, 2 Frauen, 1 Gitarrist/Sänger
Predigttitel-Vorschlag: Liebe – ein Wort kann sich nicht wehren

ICH WERDE DICH IMMER LIEBEN von Mark Demel
Best.-Nr.: I013

Das Stück handelt von einem Vater, der auf der Hochzeitsfeier seiner Tochter erkennen muss, wie schwer es ihm fällt, sie gehen zu lassen.

Angeschnittene Themen: Familie; Vaterschaft; Liebe
Schauspieler: 3 Männer, 3 Frauen
Predigttitel-Vorschlag: Der Vater der Braut; Ins Leben entlassen

ICH WERDE ETWAS VERÄNDERN von Judson Poling
Best.-Nr.: I012

Eine Gruppe von Menschen trifft sich in einem Hotel zu einem Seminar. Sie erhoffen sich durch eine Motivationsveranstaltung Erfolge im Beruf und auch im Privatleben. Doch nach einigen »Versuchskaninchen« wird klar, dass das, was Jerry Wilson, der Seminarleiter, zu bieten hat, ihr Leben nicht wirklich verändern kann.

Angesprochene Themen: Selbstbild; Veränderung
Schauspieler: 6 Männer, 1 Frau
Predigtthema-Vorschlag: Du musst ein Schwein sein auf dieser Welt; Das Land der unbegrenzten Möglichkeiten

ICH WILL NICHT LÄNGER GEGEN DICH KÄMPFEN von Debra Poling
Best.-Nr.: I002

Dieser Monolog gibt eine Unterhaltung zwischen einer Frau und Gott wieder. Die Frau beschreibt, dass sie Schwierigkeiten damit hat, Gott zu gehorchen. Sie ist der Ansicht, dass er viel von ihr verlangt – zu viel –, und erinnert ihn daran, dass sie selbst keinen wirklichen liebenden Vater in ihrem Leben hatte. Sie fühlte sich stattdessen kontrolliert und eingeengt – doch sie spürt, dass sie eine Entscheidung treffen muss.

Angeschnittene Themen: unsere Beziehung zu Gott; Gott die Lenkung unseres Lebens überlassen
Schauspieler: 1 Frau
Predigttitel-Vorschlag: Vertrauen entwickeln; Gott gehorchen; Gottes überragender Anspruch auf uns

IM FALLE EINES FALLES …
von verschiedenen Autoren
Best.-Nr.: I003

Margret wird von einem Vertreter angesprochen, der ihr eine Versicherung verspricht für den Fall, dass Gott sie nicht erhören sollte. Dieses »Notfallpaket« (eine Parodie auf Epheser 6) enthält Dinge wie die »Knieschoner des Pessimismus«, das »Schild des Irrtums«, den »Helm des Humanismus« und die »allmächtige Machete«. Dieses witzige Theaterstück konfrontiert uns mit dem Ausmaß unseres Vertrauens in Gott.

Angeschnittene Themen: Vertrauen in Gott; Gottes Allmacht
Schauspieler: 1 Mann, 1 Frau

Predigttitel-Vorschlag: Sieben Wunder in der geistlichen Welt; Kann ich einem schweigenden Gott vertrauen?

IM SCHLARAFFENLAND von Judson Poling
Best.-Nr.: I004

Wenn man eine Reise ins Schlaraffenland bucht, kommt man an einen Ort, an dem es keinen Schmerz, sondern nur Vergnügen gibt. Alle Dinge, die Schmerz verursachen könnten, wurden eliminiert. Also leben die Bewohner ein Leben ohne körperliche Anstrengung, Arbeit, Wettkampf und problematische zwischenmenschliche Beziehungen.
Angeschnittenes Thema: Schmerz
Schauspieler: 3 Männer, 1 Frau
Predigttitel-Vorschlag: Der Segen des Zerbruchs

IM SPIEGELBILD von Donna Lagerquist
Best.-Nr.: I005

Norbert Andersen lässt sich ein Haus in einem prestigeträchtigen Wohnviertel zeigen. Seine exzentrische Maklerin, Frau Fuly, preist die Vorzüge dieses Hauses und des Wohnviertels. Als sie den Raum für ein paar Minuten verlässt und er ihn sich näher betrachtet, hört er plötzlich eine Stimme, die direkt aus dem Spiegel zu kommen scheint. Norbert denkt zunächst, dass ihm ein Freund einen Streich spielt, aber das detaillierte Wissen des Spiegels über sein Leben überzeugt ihn schnell, dass die Stimme tatsächlich das Spiegelbild seines Lebens ist. Der Spiegel hinterfragt Norberts Motive für seinen geplanten Umzug und bringt ihn zum Nachdenken über seine Rastlosigkeit und sein materielles Bedürfnis. Als die Maklerin zurückkommt, teilt er ihr seine Entscheidung mit und verlässt das Haus. Die Maklerin ist perplex – aber plötzlich ruft jemand ihren Namen …
Angeschnittene Themen: Materialismus; Arbeitssucht; Streben nach mehr
Schauspieler: 1 Mann, 1 Frau, 1 Stimme aus dem Hintergrund
Predigttitel-Vorschlag: Komm zu mir

IMBISS von Sharon Sherbondy
Best.-Nr.: I006

Dieses Theaterstück zeigt eindringlich eine zerbrochene Mutter-Tochter-Beziehung. Seit dem Betreten des Restaurants sieht sich Susanne missbilligenden Kommentaren ihrer Mutter ausgesetzt, Kommentare über das Restaurant, ihren Beruf, ihr Privatleben. Als Susanne dies nicht mehr ertragen kann, lässt sie ihre Mutter wissen, wie sie sich wirklich fühlt. Zu Susannes Überraschung leidet auch ihre Mutter unter Verletzungen und Enttäuschungen. Die Szene endet damit, dass beide bereit sind, Veränderungen vorzunehmen.
Angeschnittene Themen: Mutterschaft; Familienbeziehungen; Ehrlichkeit
Schauspieler: 3 Frauen
Predigttitel-Vorschlag: Einander die Wahrheit sagen; Ein Leben mit Masken

IN DER DUNKELHEIT von Donna Lagerquist
Best.-Nr.: I007

Ein Ehepaar bereitet sich gerade darauf vor, mit Freunden auszugehen, als die Frau einen neuen Text auf den Anrufbeantworter spricht. Dabei hört sie eine zuvor noch nie gehörte Nachricht ihres Mannes und ihrer Tochter. Sie ist sichtlich bewegt. Man erfährt, dass die Tochter vor kurzer Zeit verstorben ist. Ihr Mann kommt hinzu und beide werden von Trauer und Zorn überwältigt. Sie sagen die Verabredung ab, und das Licht verlöscht, als die Frau das Bild ihrer Tochter in den Arm nimmt.
Angeschnittene Themen: Tod eines Kindes; Trauer
Schauspieler: 1 Mann, 1 Frau
Predigttitel-Vorschlag: Die großartigste Predigt der Geschichte

IN FREUD UND LEID von Judson Poling
Best.-Nr.: I008

Dan und Lisa sind seit einigen Jahren verheiratet und sind immer noch sehr verliebt ineinander – dies jedenfalls berichtet sie einer Freundin am Telefon. Lisa erzählt aber auch von ihrem Ärger und ihren Frustrationen über die Einflussnahme ihres autoritären Vaters. Als Dan nach Hause kommt, erkennt Lisa plötzlich, wie ihre Ehe wirklich ist und dass sie eigentlich mit einem Mann verheiratet ist, der ihrem Vater sehr ähnlich ist.
Angeschnittenes Thema: Ehe
Schauspieler: 1 Mann, 1 Frau
Predigttitel-Vorschlag: Bereit für die Ehe; Hilfe, ich bin mit der falschen Person verheiratet!

INTERVIEW von Donna Lagerquist
Best.-Nr.: I015

Der rasende Reporter Rudolf Renner und sein Team befragen Leute, warum sie zur Kirche gehen. Sie erhalten unterschiedliche

Antworten: Einer möchte eine Partnerin finden, eine will ein Versprechen erfüllen, das sie Gott gab, als sie in einem Fahrstuhl feststeckte. Andere tun es zum Wohl ihrer Kinder oder aus Angst vor der Hölle, die ihnen ein Sonntagslehrer schon in der Kindheit eingeimpft hat. Ein humorvoller Blick auf die verschiedenen oberflächlichen Gründe, die Menschen bewegen, in die Kirche zu gehen.
Angeschnittene Themen: Kirchenbesuche; oberflächliche Spiritualität; Relevanz der Kirche
Schauspieler: 2 Männer, 2 Frauen (jeder spielt mehrere Rollen)
Predigttitel-Vorschlag: Der K(r)ampf am Sonntagmorgen

IST DA NOCH MEHR? von Sharon Sherbondy
Best.-Nr.: I011

Gespräch eines Ehepaares gegen 2 Uhr morgens im Bett. Er hat sich gerade als bereits zweiten Imbiss für diese Nacht eine Schüssel mit Eis geholt. Die beiden versuchen nun gemeinsam Gründe für dieses merkwürdige Verhalten zu finden: Die Midlife-Krise scheint es jedoch nicht zu sein. Was ihn nicht schlafen lässt, ist die Frage nach dem Sinn des Lebens. Nachdem sie ihn erfolgreich beruhigen konnte, kann die Ehefrau nicht einschlafen, die Frage sowie der Rest der Portion Eis fängt nun an sie zu beschäftigen.
Angeschnittene Themen: Sinn des Lebens
Schauspieler: 1 Mann, 1 Frau
Predigttitel-Vorschlag: Der Sinn des Lebens

IST DENN »NICHTS« HEILIG?
von Judson Poling
Best.-Nr.: I016

Sven wurde von seinem Freund Mark zu einem Treffen einer neuen religiösen Gruppe eingeladen, die Glaube und Wissenschaft miteinander verbindet. Als die Veranstaltung beginnt, stellt Sven fest, dass es sich um eine recht sonderbare »Religion« handelt. Der »Nihilomaster« führt die Gruppe in ein Ritual und er enthüllt den Sinn allen Lebens und den Ursprung allen Seins – eine große Null. Alles ist aus »Nichts« entstanden, alles wird zu »Nichts« werden, und deshalb ist jeder und alles »Nichts«. Diese humorvolle Satire macht dem Publikum auf ironische Weise die logische Konsequenz eines solchen Weltbildes bewusst.
Angeschnittene Themen: Evolution; Schöpfung; moderne Wissenschaft
Schauspieler: 3 Männer (und mindestens 4 Herumstehende)
Predigttitel-Vorschlag: Alles nichts, oder?

JEDER IST EIN MEISTERWERK
von Sharon Sherbondy
Best.-Nr.: J001

Eine Familie trifft gerade die letzten Vorbereitungen für einen Besuch bei den Großeltern. Zuvor kommt es jedoch zu Streitigkeiten zwischen den beiden pubertären Töchtern, wobei deutlich wird, dass eine von beiden wegen eines Jungen unzufrieden mit ihrem Aussehen ist. Während der Vater und die zweite Tochter bereits abfahren, bleibt die Mutter mit ihrer Tochter zurück, um mit dieser über deren Probleme zu sprechen. Der Mutter gelingt es, ihr ihre Schönheit und Einzigartigkeit zu zeigen – sie ist ein »Meisterwerk«.
Angeschnittene Themen: Selbstbild; Elternschaft
Schauspieler: 1 Mann, 1 Frau, 2 Teenagermädchen
Predigttitel-Vorschlag: Wenn die Versuchung lockt

JEDERZEIT? von Sharon Sherbondy
Best.-Nr.: J002

In diesem Theaterstück erlebt man, wie »Otto Normalverbraucher« auf Gottes Wunsch, ein Teil seines Lebens zu sein, reagiert. Während seines Studiums ist er zu beschäftigt und bittet Gott, später wiederzukommen, wenn er im Leben Fuß gefasst hat. Als junger Erwachsener hat er zu viele Verpflichtungen, sodass er Gott dieses Mal bittet zu kommen, wenn er in Rente ist. Als Rentner freut er sich, Gott zu sehen, ist aber nicht bereit, die Herausforderung anzunehmen, Gott regelmäßig zu treffen.
Angeschnittenes Thema: Zeit für Gott
Schauspieler: 1 Mann
Predigttitel-Vorschlag: Das vierte Gebot; Du sollst den Sabbat heiligen

JEMAND MUSS ES TUN von Sharon Sherbondy
Best.-Nr.: J003

Irgendwie ist das Gerücht entstanden, dass man leiden muss, um Gott und der Kirche zu dienen – oder es zählt nicht. Aus diesem Grund weigert sich Paul, mit dem Pfarrer seiner Gemeinde zu telefonieren, da er erwartet, dass dieser ihm eine unangenehme Aufgabe überträgt. Aber zur Überraschung von Paul

und seiner Frau Sara entdeckt er ein neues Wort im Zusammenhang mit Dienen: Freude!
Angeschnittene Themen: Geistliche Gaben; dienen
Schauspieler: 1 Mann, 1 Frau
Predigttitel-Vorschlag: Entdecken Sie, wie Gott sie anfeuert – geistlich

KANZELREDE
von Donna Lagerquist und Steve Pederson
Best.-Nr.: K001

In diesem Sketch stellt uns der Erzähler eine Kanzel und die Predigten vor, die ein junger Pfarrer auf ihnen hält. Wir werden Zeugen einer Reihe von Predigten, die in der heutigen Zeit in einer normalen Gemeinde an einem durchschnittlichen Sonntag zu hören sein könnten: die Sominex-, die Terminex- und die Wohlfühl-Predigt.

Aber keine dieser Predigten ist zu vergleichen mit der größten je gehaltenen Predigt: der Bergpredigt – und so endet diese Predigt mit den einleitenden Zeilen dieser großartigen Predigt.

Angeschnittene Themen: Einleitung in die Bergpredigt; stereotype Kirchenerlebnisse; Wie spricht Gott zu uns?
Schauspieler: 3 Männer, 2 Frauen
Predigttitel-Vorschlag: Die großartigste Predigt der Geschichte

KARWOCHE von Judson Poling
Best.-Nr.: K004

Eine Familie bereitet sich auf den Gottesdienst vor. Jede der drei handelnden Personen beantwortet die Fragen eines kleinen Mädchens, das das Publikum weder sieht noch hört. Zuerst muss die Mutter die Frage beantworten, was es mit »Karwoche« und »Palmsonntag« auf sich hat. Die Mutter möchte nicht mit »komplexen geistlichen Fragen« belästigt werden, auf die sie augenscheinlich keine Antworten hat, auch wenn sie von sich behauptet, Christ zu sein. Die Nächste ist die etwas verwirrte Tante, die Ostern, Weihnachten, die drei kleinen Bären und die Zahnputzfee durcheinander bringt. Schließlich kommt der zynische Onkel, der gesteht, dass »diese ganze Geschichte mit der Auferstehung« zwar ganz gut ist, aber von gebildeteren Leuten wie ihm belächelt und nicht wirklich geglaubt wird. Das kleine Mädchen – und mit ihm das Publikum – bleibt am Ende mit mehr Fragen als Antworten zurück.

Angeschnittene Themen: Karwoche; Palmsonntag; Ostern; Auferstehung
Schauspieler: 1 Mann, 2 Frauen
Predigttitel-Vorschlag: Wer glaubt schon an die Auferstehung?!; Zombie, scheintot oder wieder belebt – was mit dem toten Jesus wirklich geschah

KAUFEN SIE EINS UND SIE BEKOMMEN EINS GRATIS von Donna Lagerquist
Best.-Nr.: K005

Karin kommt vom Einkaufen nach Hause und ist beladen mit Päckchen und Einkaufstüten. »Kaufen Sie eins und Sie bekommen eins gratis«, so hieß es, erklärt sie ihrem Mann. Sie möchte die Hälfte der Einkäufe der Familie ihrer Schwester geben, der es im Moment nicht so gut geht. In diesem Augenblick erhält sie einen Telefonanruf und erfährt, dass sie ein Auto gewonnen hat. Als sie und ihr Mann sich darüber freuen, stellt sie im Stillen fest, dass eigentlich ihre Schwester und deren Familie das Auto besser gebrauchen könnten. Ihr Mann greift zum Telefon und ruft die Schwester an, um ihr die gute Nachricht zu erzählen. Aber er überrascht Karin damit, dass er der Schwester sagt, dass sie, Chris, das Auto bekommen wird. Karin ist tief gerührt von Roberts Selbstlosigkeit und stolz darauf, dass er genau das getan hat, was auch sie tun wollte.

Angeschnittenes Thema: die Freude am Geben
Schauspieler: 1 Mann, 1 Frau
Predigttitel-Vorschlag: Du musst ein Schwein sein in dieser Welt

KEIN UNFALL von Donna Lagerquist
Best.-Nr.: K006

Zwei Frauen sind in einen Unfall mit Blechschaden verwickelt. Nachdem sie die nötigen Informationen ausgetauscht haben, verfolgt das Theaterstück ihre Kontakte in den nachfolgenden Tagen. Man erfährt, dass eine der Frauen eine schwierige Zeit durchlebt und versucht, die Verantwortung für den Unfall der anderen Frau in die Schuhe zu schieben. Sie ist nicht versichert und kann es sich nicht leisten, die Reparaturen zu bezahlen. Die andere Frau ist wütend darüber, dass sie auch noch für den ihr entstandenen Schaden aufkommen soll, und droht, die Polizei einzuschalten. Sie beruhigt sich wieder, als sie sich an die Worte Jesu erinnert, der sagte, dass man eine zweite Meile mitgehen und seine Feinde lieben sollte.

Angeschnittene Themen: Vergebung; Feindesliebe; Christus ähnlicher werden

Schauspieler: 2 Frauen
Predigttitel-Vorschlag: Du musst ein Schwein sein in dieser Welt; Die animalistischsten Methoden der Selbstbehauptung

KEIN VERGNÜGEN von Judson Poling
Best.-Nr.: K002

Regina und Stephan sitzen in einem Restaurant und diskutieren über ein Problem, das ihnen im Magen liegt: Stephans Tante ist zu Besuch. Regina macht einige Vorschläge für Unternehmungen, die Spaß machen könnten, aber Stephan weiß es besser: Seine Tante hat niemals Spaß. Als diese wieder an den Tisch zurückkehrt, fällt sie nach einer kurzen Diskussion mit Stephan und Regina über das Übel weltlichen Vergnügens in einen Rap und macht ihre Sichtweise des christlichen Lebens deutlich: »Kein Vergnügen – das ist das Leben im Geiste!«

Angeschnittene Themen: christlicher Lebensstil; Missverständnisse gegenüber dem christlichen Glauben
Schauspieler: 2 Männer, 2 Frauen
Predigttitel-Vorschlag: Der Geschmack des christlichen Glaubens; Eine bessere Art von Freiheit

KEINE STÖRUNG von Sharon Sherbondy
Best.-Nr.: K003

Dieser Monolog zeigt die Kämpfe eines Mannes mit seiner Stillen Zeit. Unser Darsteller hat sein Leben analysiert und einen Mangel an Ausgewogenheit und ein Bedürfnis nach Ausfüllung dieses Mangels festgestellt. Also instruiert er seine Frau und seine Kinder, dass er auf keinen Fall während seiner Gebetszeit gestört werden möchte. Im Verlauf des Stückes erkennt der Zuschauer jedoch, dass er mehr als bereit ist, sich stören zu lassen.

Angeschnittene Themen: Stille Zeit; Gebet
Schauspieler: 1 Mann
Predigttitel-Vorschlag: Das Beste in sich selbst und in anderen zum Vorschein bringen

KLEINGRUPPEN-ALPTRAUM
von Judson Poling
Best.-Nr.: K007

Ein Pastor schläft über einer Broschüre zum Thema »Kleingruppen« ein. Er träumt vier verschiedene Szenen, in denen Kleingruppen zu sehen sind, wie es sie in seiner Gemeinde geben könnte, jedoch stark überzeichnet. Die erste Kleingruppe ist mehr oder weniger eine Party, die zweite ein verwirrendes Durcheinander geistlicher Meinungen, die dritte ein langweiliges Bibelstudium, bei dem es nur darum geht, Lückentexte auszufüllen, und die letzte schließlich eine ziellose Therapiegruppe.
Der Pastor erwacht von seinem Alptraum und beschließt, doch lieber ein Seminar zum Thema »Wie lese ich Bus-Fahrpläne?« zu besuchen.

Angeschnittenes Thema: Kleingruppen
Schauspieler: 3 Männer, 3 Frauen
Predigttitel-Vorschlag: Kleingruppen – leicht gemacht

LASS MICH LOS! von Judson Poling
Best.-Nr.: L001

Eine Mutter besucht ihre Tochter, die gerade in ihre erste eigene Wohnung eingezogen ist. Die Mutter hat den ganzen Tag, während ihre Tochter arbeiten war, den Haushalt nach ihren eigenen Vorstellungen organisiert. Die Tochter ist empört über die Veränderungen, doch die Mutter schüttelt die Kritik ab; sie ist der Ansicht, dass sie ihrer Tochter einen großen Gefallen getan hat. Die Suppendosen in alphabetischer Reihenfolge aufzustellen ist eine Sache, als die Tochter aber entdeckt, dass sich ihre Mutter auch in ihr Privatleben einmischt, explodiert sie. Nach ihren deutlichen Worten fühlt sich die Mutter verletzt, dass ihre Rolle als Mutter nicht länger gebraucht wird (sie ist außerdem seit kurzem verwitwet). Die Tochter versucht zu erklären, dass sie eine Mutter möchte, aber keinen Aufpasser. Aber die Mutter kann sich nicht vorstellen, dass die beiden ohne einander leben können.

Angeschnittene Themen: Elternschaft; erwachsene Kinder loslassen lernen
Schauspieler: 2 Frauen
Predigttitel-Vorschlag: Den Herausforderungen der Familie ins Auge sehen; Die Zukunft der Familie

LEBENSLINIE von Donna Lagerquist
Best.-Nr.: L002

Ein älterer Mann und eine ältere Frau arbeiten zusammen in einem Einkaufsmarkt. Man erfährt, dass die beiden und ihre Ehepartner seit vielen Jahren miteinander befreundet sind und auch gemeinsam in ihrer Ortsgemeinde mitgearbeitet haben. Nun ist Eduards Frau gestorben und Doris' Mann im Krankenhaus.

Eine junge Frau und deren Tochter kommen in den Supermarkt; die Frau erkennt in Doris ihre frühere Lehrerin von der Ferienbibelschule wieder. Im Gespräch ergibt sich, dass die beiden älteren Ehepaare vor vielen Jahren im Leben dieser jungen Frau einen bleibenden geistlichen Eindruck hinterlassen haben, der auch ihr heutiges Leben noch beeinflusst. Als Doris und Eduard in die Kaffeepause gehen, erkennen sie den Wert ihres langjährigen Dienstes und den Segen lebenslanger Freundschaften.
Angeschnittene Themen: Mitarbeit in der Gemeinde; Leben in Gemeinschaft; Alter
Schauspieler: 2 Frauen, 1 Mann, 1 Kleinkind (kein Text)
Predigttitel-Vorschlag: Nur für reifes Publikum – was reife Christen motiviert

MARS UND VENUS von Sharon Sherbondy
Best.-Nr.: M005

Ein sehr unterschiedliches Paar – er melancholisch und gewissenhaft, sie Sanguinikerin – auf dem Weg in die Ehe. Die Unterschiede treten immer mehr zutage, bis es keine Lösung mehr zu geben scheint. Da finden sie doch eine Gemeinsamkeit.
Angeschnittenes Thema: Ehe; Heirat
Schauspieler: 1 Mann, 1 Frau
Predigttitel-Vorschlag: Gegensätze ziehen sich an; Gleich und gleich gesellt sich gern

MISSION POSSIBLE von Donna Lagerquist
Best.-Nr.: M008

Tom Krus befindet sich auf dem Rückweg von einer Geschäftsreise, als ihm eine Stewardess ein Videoband überreicht. Dabei handelt es sich um ein Band mit Anweisungen für eine »Mission« (wie auch in dem Film »Mission Impossible« mit Tom Cruise). Toms Aufgabe ist es, seinem Sohn zu helfen, der sich gerade in einer schwierigen Situation befindet. Er will nämlich nicht zu der Hochzeit seiner Tante, unter anderem, weil er dadurch ein spannendes Fußballspiel verpassen würde.
Im zweiten Teil des Stückes (das auch ohne den ersten gespielt werden kann) versucht Tom, zu Hause mit seinem Sohn zu sprechen, der sich in seinem Bett verschanzt hat. Tom zieht ihm die Decke weg – und sieht Nicks Freund, der für ihn eingesprungen ist. Aber Nick ist nicht wirklich weggelaufen, sondern hat sich nur unter dem Bett versteckt. Während Nicks Mutter seinen Freund nach Hause bringt, kann Tom sich mit seinem Sohn endlich unterhalten. Dabei erzählt Tom ihm von seiner Kindheit, als er etwas tun musste, das er eigentlich hasste. Aber später stellte sich dann heraus, dass es doch nicht so schlimm war.
Mit Ehrlichkeit, Humor und Geduld zeigt Tom, wie man als Vater seinen Sohn in einer schwierigen, die Persönlichkeit bildenden Zeit begleiten kann.
Angeschnittene Themen: Vater-Sohn-Beziehungen; Vatertag; Elternschaft
Schauspieler: 1 Mann, 1 Frau, 2 Jungen
Predigttitel-Vorschlag: Vater sein dagegen sehr; Augen zu und durch

MITGEFANGEN – MITGEHANGEN von Judson Poling
Best.-Nr.: M001

Als sich Mary und Harry zum ersten Mal treffen, verlieben sie sich sehr ineinander und beschließen, sogleich zu heiraten – denn: »Die Welt wird das nie verstehn ...« Doch die Realität holt sie bald ein, und sie lernen, dass Liebe nicht einfach so passiert. Liebe ist etwas, woran sie hart arbeiten müssen.
Angeschnittenes Thema: Ehe
Schauspieler: 1 Mann, 1 Frau
Predigttitel-Vorschlag: Öl ins Feuer der Ehe gießen; Warum Feuer niederbrennen

MÜDE, WENN MAN GEBRAUCHT WIRD von Sharon Sherbondy
Best.-Nr.: M009

Herr Wittmann hat sich in einem Hotelzimmer eingeschlossen, um sich seinen Mitmenschen und deren Ansprüchen an seine Zeit zu entziehen. Trotzdem hat es Frau Weitemeier geschafft, ihn ausfindig zu machen. Sie bittet ihn, sich für noch einen weiteren guten Zweck zu engagieren. Er versucht es mit einer vernünftigen Erklärung, dann mit einer klaren Absage, aber bei Frau Weitemeier hilft alles nichts. Schließlich ist er nervlich am Ende.
Angeschnittene Themen: Ausgebranntsein; Neinsagen-Können; Privatsphäre
Schauspieler: 1 Mann, 1 Frau
Predigttitel-Vorschlag: Burnout; Sag niemals nie

MÜTTER UND TÖCHTER von Donna Lagerquist
Best.-Nr.: M010

Das Stück beschreibt in drei Szenen die Entwicklung der Beziehung zwischen einer Mutter und ihrer Tochter.

In der ersten Szene ist Claire noch ein Baby, das mitten in der Nacht aufwacht. Ihre Mutter singt »You Are My Sunshine« und wiegt sie damit in den Schlaf.

In der nächsten Szene ist Claire eine junge Erwachsene, die für ein paar Tage von der Uni nach Hause kommt. Mit ihrer Eigenwilligkeit kommt ihre Mutter nicht gut klar. Es kommt zum Streit. Beide merken aber, dass sie so nicht miteinander umgehen wollen, und entschuldigen sich.

In der dritten Szene hat Claire selbst eine kleine Tochter und ruft ihre Mutter an, um sie um Hilfe zu bitten. Da das Kind die ganze Zeit schreit, schlägt die Mutter vor, ihm das Telefon ans Ohr zu halten – und singt ihrer Enkelin »You Are My Sunshine« vor. Und genau wie vor Jahren Claire, schläft bei dem Gesang nun auch deren Tochter ein.

Angeschnittene Themen: Muttertag; Elternschaft
Schauspieler: 2 Frauen
Predigttitel-Vorschlag: Familienbande

MÜTTERLICHE MASSSTÄBE
von Donna Lagerquist
Best.-Nr.: M002

Ein heiterer Blick auf junge Mütter, die ihre Kinder ständig mit anderen Kindern vergleichen. Während eines Spazierganges trifft Margit Johanna, eine Mutter von vier Kindern, darunter Drillinge (die hinter der Bühne zu hören sind). Schon ein einziges Baby bringt Margit an ihre Grenzen – wie schafft Johanna es nur, mit vier Kindern so gut klarzukommen? Dann kommt Judith vorbei. Sie entspricht noch mehr dem Bild der perfekten Mutter. Bereits drei Wochen nach der Geburt hatte sie ihre alte Figur wieder und gab Aerobic-Stunden. Außerdem fährt sie ihre Vorschulkinder jeden Tag zum Kinderturnen, zum Schwimmen und zu kreativen Spielstunden. Je intensiver sich die Frauen unterhalten, desto minderwertiger fühlt sich Margit. Als Judith und Johanna schließlich hinter die Bühne gehen, um einen Streit ihrer Kinder zu schlichten, stellt Margit sarkastisch fest, dass dieser Spaziergang im Park wirklich ein voller Erfolg gewesen sei.

Angeschnittene Themen: Muttertag; Konkurrenzdenken unter Frauen
Schauspieler: 3 Frauen
Predigttitel-Vorschlag: Hilfe, meine Kinder sind kleine Monster; Darf eine Mutter den Geist aufgeben?

NEULICH IM FITNESSCENTER
von Sharon Sherbondy
Best.-Nr.: N001

Linda und Anne treffen sich im Fitnesscenter. Während sie nebeneinander auf Hometrainern sitzen, beginnen sie ein Gespräch. Sie entdecken, dass sie beide erschöpfte Mütter sind, die den Fitnessclub als Möglichkeit für eine Flucht nutzen. Linda erzählt im Verlauf des Gespräches, dass sie Mitglied einer Bibelgruppe ist. Als sie merkt, dass die andere Frau eher kirchendistanziert ist, wird sie nervös, tritt fester in die Pedale und spricht dann selbstbewusst über die praktischen Auswirkungen ihres Glaubens. Als Anne ihre Trainingsstunde beendet hat und nach Hause geht, bleibt eine Fortführung des Gespräches offen.

Angeschnittene Themen: Zeugnis geben; einen Unterschied machen; neue Beziehungen knüpfen
Schauspieler: 2 Frauen
Predigttitel-Vorschlag: Gelegenheiten nutzen

NICHTS IST UMSONST von Sharon Sherbondy
Best.-Nr.: N002

Nancy ist so stark von ihrem Bedürfnis besessen, niemandem etwas schuldig zu bleiben, dass sie über alles, was sie oder ihr Mann bekommen, Buch führt. Sie ist der festen Überzeugung, dass niemand etwas gibt, ohne eine Gegenleistung zu erwarten. Als Blumen von einem anonymen Absender abgegeben werden, fühlt sich Nancy getrieben, den Floristen anzurufen, um herauszufinden, wem sie nun etwas schuldet. Als ihr Ehemann gesteht, dass er ihr die Blumen geschickt hat, einfach weil er sie liebt, zeigt sich, dass sie selbst in dieser intimen Beziehung nicht über ihren Schatten springen kann.

Angeschnittene Themen: Gnade; Geschenke
Schauspieler: 1 Mann, 1 Frau
Predigttitel-Vorschlag: Liebe ohne Hintergedanken; Überrascht von Gott; Überrascht von Gottes Liebe

NIE WIEDER IM MUTTERLEIB
von Donna Lagerquist
Best.-Nr.: N003

Dieses Theaterstück wirft einen amüsanten Blick auf die Dinge, denen sich Kinder heute gegenübersehen. Die Szene beginnt im Mutterleib, wo unsere beiden Darsteller – ein zweieiiges Zwillingspaar – über die Dinge diskutieren, denen sie im Laufe ihres Lebens

begegnen werden. Vor allem die negativen Aspekte des Lebens – Krankheit, Verbrechen, etc. – lassen sie zögern, geboren zu werden.
Angeschnittene Themen: Die Welt, der sich Kinder heute gegenübersehen; Angst vor dem Unbekannten
Schauspieler: 1 Mann, 1 Frau
Predigttitel-Vorschlag: Im Wandel der Zeiten

NUR MAL SO ... von Sharon Sherbondy
Best.-Nr.: N004

Eine Frau konfrontiert ihren Ehemann mit schockierenden Neuigkeiten: Sie hat im Zimmer ihres dreizehnjährigen Sohnes eine Zeitschrift mit spärlich bekleideten Frauen gefunden. Ihr Mann kann ihre Aufregung nicht verstehen und tut das Ganze als etwas ab, worüber man sich keine Gedanken machen muss. Im Verlauf des Gespräches zeigt sich jedoch, dass die sexuelle Reinheit ihres Sohnes nicht der einzige Beweggrund für ihre Erregung ist. Sie offenbart ihrem Mann, dass sie sich seit Jahren sehr verletzt fühlt, wenn er anderen Frauen hinterherschaut, die im Gegensatz zu ihr immer jünger werden. Sie ist verlegen – und erschrocken, da sie diese Versuchung fürchtet. Zum ersten Mal erkennt er, was seine sorglosen Blicke für seine Frau bedeuten.
Angeschnittene Themen: die Augen bringen dich zu Fall; Reinheit der Gedanken
Schauspieler: 1 Mann, 1 Frau
Predigttitel-Vorschlag: Die großartigste Predigt der Geschichte; Und führe dich nicht in Versuchung

NUR WIR BEIDE von Donna Lagerquist
Best.-Nr.: N005

Nach einem Besuch bei ihrer Freundin und deren drei Kindern fühlt Katja sich völlig minderwertig. Da ist ihre Freundin eifrig damit beschäftigt, ihren Nachwuchs großzuziehen, während sie selbst immer noch auf das erste Kind wartet. Erst an diesem Morgen hat sie einen Schwangerschaftstest gemacht, der wieder einmal negativ ausgefallen ist. Ihr Ehemann versucht, sie zu trösten, aber der Schmerz ist einfach zu groß. Er schlägt vor, am Abend gemeinsam auszugehen – »Nur wir beide«.
Angeschnittene Themen: Unfruchtbarkeit; unbeantwortetes Gebet
Schauspieler: 1 Mann, 2 Frauen
Predigttitel-Vorschlag: Kinderlos; Was tun, wenn man nicht den üblichen christlichen Vorstellungen von Familie entspricht?

OHNE DICH KANN ICH NICHT LEBEN von Donna Lagerquist
Best.-Nr.: O001

Ein kurzer Überblick über verschiedene Beziehungen, die uns im Laufe unseres Lebens beeinflussen. Ein Erzähler auf der Bühne und verschiedene Schauspieler erwecken Szenen aus Kindheit, Schule, Universität und Ehe zu neuem Leben, die auf komische Weise zeigen, wie frustrierend es ist, mit unvollkommenen Menschen zu leben. Kleidung, Intelligenz, Aussehen, Ordnung und sogar ein gekaufter statt selbst gebackener Kuchen können darüber entscheiden, ob wir von anderen akzeptiert oder abgelehnt werden. Der Schwierigkeit, andere Menschen bedingungslos zu lieben, werden Passagen aus der Bergpredigt und aus anderen Texten gegenübergestellt, die zeigen, wie der christliche Glaube gesellschaftliche und kulturelle Standards in Frage stellt und herausfordert.
Angeschnittene Themen: Beziehungen; bedingungslose Liebe
Schauspieler: 2 Männer, 2 Frauen
Predigttitel-Vorschlag: Bergpredigt – die großartigste Predigt aller Zeiten; Ich liebe dich so, wie du bist

PARADIESISCHE ZEITEN von Judson Poling
Best.-Nr.: P001

Um die New-Age-Bewegung zu erklären, führt uns dieses Theaterstück zurück in den Garten Eden. Ähnlich wie die Leute, die der New-Age-Philosophie folgen, wollen Adam und Eva Götter sein und ihr Schicksal selbst bestimmen. Auf humorvolle Weise werden hier Aspekte von New Age erklärt.
Angeschnittenes Thema: die New-Age-Bewegung
Schauspieler: 1 Mann, 1 Frau
Predigttitel-Vorschlag: Alternativen zum christlichen Glauben; Die New-Age-Bewegung

PASTOR GENERAL von Judson Poling
Best.-Nr.: P002

Ein Ehepaar, das gerade neu in eine Stadt gezogen ist, besucht den Pfarrer der dortigen Gemeinde, um sich über deren religiöse Ansichten zu informieren. Im Verlauf des Gespräches wird jedoch deutlich, dass die Gemeinde von dem despotischen Pfarrer bei-

nahe militärisch geleitet wird. Und so bleibt den beiden jungen Leuten nichts anderes übrig, als die Flucht zu ergreifen.
Angesprochenes Thema: geistliche Führer
Schauspieler: 2 Männer, 2 Frauen
Predigttitel-Vorschlag: Geistlicher Missbrauch; Gottes Vertreter auf Erden

POWERTRIP von Sharon Sherbondy
Best.-Nr.: P004

Ein sehr dynamischer Geschäftsmann hat es in diesem amüsanten Stück ausgesprochen eilig, seinen Flug zu erreichen. Listig drängelt er sich an die Spitze der Warteschlange vor die beiden dort wartenden Damen und begibt sich sogleich an den Schalter. Dort erfährt er, dass der Flug gestrichen wurde. Bei seinen Versuchen, doch in diesen Flieger zu gelangen, treten die Folgen seines Dauerstresses zu Tage.
Angeschnittene Themen: Arbeit; Stress; Charakter
Schauspieler: 1 Mann, 3 Frauen
Predigttitel-Vorschlag: Das harte Arbeitslos; Du musst ein Schwein sein

QUALITÄTSZEIT von Judson Poling
Best.-Nr.: Q001

Dieses Theaterstück wirft einen Blick auf die Philosophie von »Qualitätszeit« zwischen Eltern und Kindern. Wir erleben einen Vater, der Probleme damit hat, seinen beruflichen Stress und die Zeit, die er mit seinen Töchtern verbringen will, zu koordinieren. Die Töchter denken über die Situation einer Freundin nach, deren Eltern geschieden sind, und fragen sich, ob der eine Nachmittag, den diese pro Woche mit ihrem Vater verbringt, nicht besser ist als die »Qualitätszeit«, die sie jeden Tag mit ihrem Vater haben.
Angeschnittenes Thema: Väter
Schauspieler: 1 Mann, 1 Frau, 2 Teenagermädchen
Predigttitel-Vorschlag: Väter in der Verantwortung; Vater sein dagegen sehr …

REALITÄTSTHERAPIE von Sharon Sherbondy
Best.-Nr.: R004

Petra und Stefan sind seit langem ein Paar und haben keine Illusionen über das große Glück in einer perfekten Partnerschaft. Als Petras Schwester Lisa und ihr Freund Daniel, die sich auf Wolke sieben befinden, zu Besuch kommen, versuchen sie, den beiden etwas von der Realität ihrer Beziehung zu vermitteln. Bei einer Runde Canasta wollen sie den leidenschaftlichen Spieler Daniel und die friedliebende Lisa gegeneinander ausspielen. Doch während sich bei Petra und Stefan gespielter und wirklicher Streit vermischen, turtelt das andere Paar unbeirrt weiter. Am Ende sind sich auch die beiden »alten Hasen« nicht mehr sicher, ob Teller schmeißen und wochenlange Streits wirklich zu jeder Beziehung dazugehören.
Angeschnittene Themen: Beziehungen; liebevoller Umgang; Ehe
Schauspieler: 2 Männer, 2 Frauen
Predigttitel-Vorschlag: Auf rosaroten Wolken …; Willkommen in der Realität?

REIN TECHNISCH von Donna Lagerquist
Best.-Nr.: R001

Mark kommt nach Hause und kündigt Karin an, dass sie zusammen auf Geschäftskosten nach Mexiko fahren. Karin ist nicht sehr begeistert, und Mark vermutet, dass ein Streit, den sie am Morgen hatten, die Ursache für dieses seltsame Verhalten ist. Schließlich stellt sich heraus, dass Karin sich nicht wohl damit fühlt, »in wilder Ehe« zusammenzuleben. Sie hat wieder begonnen, in die Kirche zu gehen, und aus diesem Grund möchte sie, dass ihre Beziehung korrekt abläuft. Mark ist ärgerlich, dass Karin ihre Religion so ernst nimmt, und verlässt wütend die Bühne. Karin bleibt alleine zurück und schläft auf der Couch.
Angeschnittene Themen: Zusammenleben kontra Ehe; was es kostet, sich zum christlichen Glauben zu bekennen
Schauspieler: 1 Mann, 1 Frau
Predigttitel-Vorschlag: Die großartigste Predigt der Geschichte; »Wilde« Ehen

RICHARD 1992 von Donna Lagerquist
Best.-Nr.: R002

Zacharias, der nach der Scheidung seiner Eltern bei seiner Mutter lebt, verlässt nach einem Streit die Wohnung und möchte bei seinem Vater leben. Dieser zögert, seinen rebellischen Sohn aufzunehmen, da er jetzt in einer neuen Beziehung lebt. Die Spannung erreicht ihren Höhepunkt, als Richard, der Vater, seinem Sohn ebenfalls Vorwürfe über den Grund des Zerwürfnisses mit der Mutter macht: Seine Ex-Frau hatte ihren Sohn mit einem Mädchen im Bett erwischt. In diesem Augenblick betritt die neue Freundin des

Vaters den Raum ... Die Unterhaltung eskaliert in einem Austausch von Vorwürfen zwischen Vater und Sohn.
Angeschnittene Themen: Wut; Rebellion; Niedergang der Familie
Schauspieler: 2 Männer, 1 Frau
Predigttitel-Vorschlag: Die Zeit verstehen; Die 90er Jahre

SAG ES DOCH von Donna Lagerquist
Best.-Nr.: S001

Um ihren Mann zu einer Liebeserklärung zu bewegen, lässt Teresa ein System installieren, das unterschwellige Botschaften vermittelt. Dieses System bringt Eddy dazu, ihr all die Dinge zu sagen, nach denen sie sich sehnt. Schließlich merkt Teresa aber, dass sie dadurch nicht befriedigt wird, weil Eddy diese Dinge nicht von sich aus sagt.
Angeschnittene Themen: Kommunikation in der Ehe; wie wichtig es ist, »Ich liebe dich« zu sagen
Schauspieler: 1 Mann, 1 Frau, 1 Mann oder 1 Frau.
Predigttitel-Vorschlag: Die vergessene Kunst des Liebens; Bitte sprich meine Sprache

SCHON WIEDER EIN NEUES JAHR von Judson Poling
Best.-Nr.: S009

Ein neues Jahr hat begonnen, und Fred fühlt sich schon als Versager, wenn er seine guten Vorsätze betrachtet, die er sowieso wieder brechen wird. Annie, eine bekannte Broadway-Sängerin, ist ganz optimistisch und singt von den Möglichkeiten, die der nächste Tag bietet. Nun glaubt Fred beinahe, dass er es schaffen wird, in seinem Leben ein paar umwälzende Veränderungen vorzunehmen. Doch da tritt eine Kirchgängerin auf den Plan und beschimpft ihn als »wertlosen Faulpelz«. Am Ende ist Fred niedergeschmettert und überlegt sich, ob er lieber ein Fußballspiel anschauen soll, statt sich mit den Bereichen seines Lebens zu beschäftigen, in denen Veränderung nötig ist.
Angeschnittene Themen: gute Vorsätze
Schauspieler: 2 Männer, 1 Frau
Predigttitel-Vorschlag: Wie ändere ich mein Leben, ohne es zu ruinieren?

SCHRITT FÜR SCHRITT von Sharon Sherbondy
Best.-Nr.: S002

In diesem erfrischenden Monolog beschäftigt sich eine Frau mit dem vierten Schritt eines Zwölf-Schritte-Programms des psychologischen Buches »Hunger nach Heilung«. Sie hat sich darauf vorbereitet, eine schonungslose und ausführliche moralische Inventur zu machen – mit Taschentüchern, Papier und Stift und etwas zu essen. Als sie beginnt, verlegt sie sich darauf, in anderen die Schuld zu suchen, und verfehlt damit die eigentliche Bedeutung dieses Schrittes. Das Bedürfnis nach Ehrlichkeit bei der Selbstprüfung bricht dann voller Macht durch – aber auf entwaffnend komische Art.
Angeschnittene Themen: Selbsttäuschung; Sündenbekenntnis
Schauspieler: 1 Frau
Predigttitel-Vorschlag: Haben Sie alles, was Sie zum Wachsen brauchen?; Moralische Inventur

SCHWESTERLIEBE von Donna Lagerquist
Best.-Nr.: S010

Lisa ist gerade bei ihrem Ex-Freund ausgezogen, als ihre Schwester Bettina mit einer Pizza bei ihr vorbeikommt, um sie zu trösten. Bettina und die Familie waren gegen die »unmoralische Beziehung«, aber trotzdem versucht Bettina, das übliche »Ich hab's dir ja gleich gesagt« zu vermeiden. Dennoch tritt die Spannung zu Tage, die entstanden ist, weil sich Lisa in den letzten Jahren nicht von ihrer Familie unterstützt sah. Die Unterhaltung eskaliert schließlich im Streit. Lisa hat sich immer als das schwarze Schaf der Familie gefühlt und empfindet immer wieder neu den Schmerz, wenn ihr Vertrauen verletzt wird oder sie sich unverstanden fühlt. Die Diskussion endet schließlich in einer Sackgasse und Bettina geht. Lisa öffnet die Pizzaschachtel und stellt fest, dass die Pizza mit Salami belegt ist – obwohl sie schon seit Jahren allen erzählt, dass sie Vegetarierin ist.
Angeschnittene Themen: zerbrochene Familien
Schauspieler: 2 Frauen
Predigttitel-Vorschlag: Wenn dich deine Familie zur Verzweiflung bringt

SECURITY-CHECK von Sharon Sherbondy
Best.-Nr.: S003

In einem Raum, der aussieht wie die Wartehalle eines Flughafens, läuft Robert nervös hin und her. Im Hintergrund hört man die Stimme eines Ansagers, der die Namen verschiedener Personen aufruft. Sabine erscheint und ein Gespräch entwickelt sich. Im Laufe ihrer Unterhaltung stellt sich heraus, dass

beide verstorben sind und nun in einem Außenbezirk des Himmels darauf warten, dass ihr Name aufgerufen wird, damit sie endlich eintreten können. Robert zählt auf die »Trophäen« in seiner Sporttasche, auf die Erfolge seines Lebens, um das Ticket für den Himmel zu bekommen. Sabine verweist jedoch darauf, dass der Preis schon bezahlt wurde. Am Ende wird Sabines Name aufgerufen, Robert bleibt zurück und klammert sich an seine Trophäen.
Angeschnittene Themen: Erlösung; Werke kontra Gnade
Schauspieler: 1 Mann, 1 Frau, 1 Stimme auf Tonband
Predigttitel-Vorschlag: Der Geschmack des Glaubens; Eine bessere Art von Vertrauen

SEELEUTE MIT LEIB UND SEELE
von Donna Lagerquist
Best.-Nr.: S004
Diese Parabel vergleicht das Leben eines Seemanns mit dem Leben eines Christen. Auf amüsante Art und Weise wird die Vorstellung vom Leben in der Nachfolge Christ gezeigt. Viel zu oft denken Menschen, dass der christliche Glaube ihnen eine armselige Existenz verspricht, ein Leben völlig ohne jegliche Freude. Aber Hingabe an Christus erzeugt Freude, nicht Mühsal.
Angeschnittene Themen: Freude; Missverständnisse über den christlichen Glauben
Schauspieler: 1 Mann, 1 Frau, 7 Männer und Frauen
Predigttitel-Vorschlag: Welche Vorteile es hat, Gott zu kennen

SEHEN IST GLAUBEN
von verschiedenen Autoren
Best.-Nr.: S005
Eine Werbung für den »Gott-O-Mat« veranlasst zwei Durchschnittsmenschen, Rainer und Inge, Christus gegen einen greifbaren, »komfortablen« Gott auszutauschen. Daraufhin meiden sie Kirche, Gebet, Anbetung und Dienst. Dieser Gott ist leicht – aber wird er auch Hilfe bei den Problemen des Lebens bieten?
Angeschnittene Themen: ein Retter, dem man vertrauen kann; die Leere eines leichten Glaubens
Schauspieler: 1 Mann, 1 Frau, 1 Erzähler
Predigttitel-Vorschlag: Wo ist Gott in »Star Trek«?

SINGLE? von Donna Lagerquist
Best.-Nr.: S006
Zwei alte Bekannte treffen sich an einem Schlepplift in einem Skigebiet. Sie betreiben einen etwas einsilbigen Smalltalk. Die Unterhaltung offenbart jedoch viel mehr, als sie eigentlich beabsichtigen – vor allem über ihre Gefühle, Single zu sein.
Angeschnittene Themen: Singledasein; Einsamkeit; Furcht vor dem Alleineleben
Schauspieler: 1 Mann, 1 Frau
Predigttitel-Vorschlag: Der Furcht ins Auge sehen; Die Angst vor dem Alleinsein

»SO IST ER EBEN« von Mark Demel
Best.-Nr.: S013
Drei Paare feiern zusammen ein Grillfest. Thorsten, der Gastgeber, ist im Grunde ein netter Menschen, aber nachdem er unfreundlich auf eine einfache Frage antwortet, stellt Petra ihn zur Rede. Sie ist es leid, dass die Gruppe sein Verhalten immer als »so ist Thorsten eben« durchgehen lässt. In dieser unangenehmen Situation beginnt Thorstens Frau Lisa auf einmal zu weinen. Sie bekennt der Gruppe, dass sie öfter versucht habe, ihn darauf anzusprechen, er die Schuld aber immer auf sie abschieben würde. Nachdem die anderen sein aggressives Verhalten gesehen haben und das Thema zur Sprache gekommen ist, sieht Thorsten sich gezwungen zuzugeben, dass er ein Problem hat.
Angeschnittene Themen: in Liebe konfrontieren; Freundschaft; Ehe; Charakterfehler
Schauspieler: 3 Männer, 3 Frauen
Predigttitel-Vorschlag: Reden ist silber, Schweigen ist Gold; Mit spitzer Zunge

SPIEL'S NOCH EINMAL, JOHANNES
von Judson Poling
Best.-Nr.: S014
Johannes kommt zu einem Bewerbungsgespräch in eine Firma, grüßt in der Eingangshalle die Sekretärin und niest – direkt in seine Hand! Eine Glocke läutet und die Szene beginnt von neuem. Exakt die gleiche Eingangsszene wird noch einmal gespielt, wobei Johannes diesmal in ein Taschentuch niest. Ebenso geht das Stück weiter: Immer wieder passieren ihm peinliche Dinge, woraufhin die Szene »zurückgespult« wird und Johannes eine zweite Chance erhält, es richtig zu machen. Manchmal braucht er dafür mehrere Anläufe. Das Stück endet damit, dass

Johannes zum Gespräch hereingebeten wird, während er ironisch zu sich selbst sagt: »Man hat nur eine Chance, es richtig zu machen.« (Anmerkung: Dem Stück liegt eine ähnliche Idee zugrunde wie dem Film »Und täglich grüßt das Murmeltier«.)
Angeschnittene Themen: Sehnsucht nach der zweiten Chance; richtige Entscheidungen
Schauspieler: 1 Mann, 1 Frau
Predigttitel-Vorschlag: Und täglich grüßt das Murmeltier; Ein Gott der zweiten Chancen

SPRICH MIT MIR von Sharon Sherbondy
Best.-Nr.: S007
Es ist 11:15 Uhr am Abend. Paula, die schlafen gehen möchte, betritt das Wohnzimmer und stellt verärgert fest, dass ihr Mann Stefan vor dem Fernseher eingeschlafen ist. Er erwacht und will die Gelegenheit nutzen, etwas zu tun, das »schon eine ganze Weile her« ist. Doch Paula, die sich von ihrem Mann vernachlässigt fühlt, weigert sich. Stefan muss erkennen, dass nicht nur Sex zum Gelingen einer Ehe notwendig ist, sondern vor allem ehrliches Interesse für die Bedürfnisse des Partners.
Angeschnittenes Thema: Kommunikation in der Ehe
Schauspieler: 1 Mann, 1 Frau
Predigttitel-Vorschlag: Bereit für die Ehe; Das romantische Feuer am Brennen halten

STIPPVISITE von Debra Poling
Best.-Nr.: S008
Zwei erwachsene Schwestern treffen sich in einem Flughafenrestaurant, während eine von ihnen auf ihren Anschlussflug wartet. Ihre Beziehung wurde im Laufe der Jahre immer oberflächlicher, und nun hat ihre Unfähigkeit, über versteckte Verletzungen zu sprechen, eine Mauer zwischen ihnen aufgebaut. Anstatt sich einander nah und voneinander unterstützt zu fühlen, spüren sie nur die gegenseitige Enttäuschung.
Angeschnittene Themen: Beziehungen wieder beleben; Verletzungen in der Familie ansprechen
Schauspieler: 3 Frauen
Predigttitel-Vorschlag: Die vegessene Kunst zu lieben; Gestorbene Liebe wieder beleben

UND JETZT? von Sharon Sherbondy
Best.-Nr.: U001
Der Zuschauer wird Zeuge einer Unterhaltung zwischen Freunden, die sich über die guten alten Zeiten unterhalten, die sie miteinander erlebt haben. Im Verlauf des Gespräches offenbart sich jedoch, dass diese Freunde zusammengekommen sind, um einer Freundin nach dem plötzlichen Tod ihres Mannes beizustehen. Sie hat Freunde, die sich um sie kümmern, und eine Familie, die sie unterstützt, aber das ist nicht genug. Sie weiß nicht, wie sie damit umgehen soll, jetzt Witwe und allein erziehende Mutter zu sein.
Angeschnittene Themen: Umgang mit Krisen; Umgang mit Tod
Schauspieler: 2 Männer, 4 Frauen
Predigttitel-Vorschlag: Durch Lebenskrisen lernen; Durch Verlust lernen

UNTER DRUCK von verschiedenen Autoren
Best.-Nr.: U002
Für den Fall der Fälle hat Norbert, der begangene Fehler nicht vergessen kann, immer ein Buch bei sich, in das er seine Niederlagen akribisch einträgt. Dieser umfassende Führer durch alle seine Fehler erinnert ihn daran, dass er ein Bürger zweiter Klasse ist, und verweist ihn auf seinen Platz. Die Frau, mit der er sich für den Abend verabredet hat, versucht ihm die befreiende Kraft der Vergebung zu erklären und wie sie die Aussichten für sein Leben verändern kann.
Angeschnittene Themen: Selbstbild; Scheitern; Vergebung
Schauspieler: 1 Mann, 1 Frau
Predigttitel-Vorschlag: Bedenken zerstreuen; Der Gott der zweiten Chancen

UNTERHALTUNGEN von Judson Poling
Best.-Nr.: U003
Philipp wartet, von einem anderen Mann begleitet, um mit seiner Chefin zu reden. Der Zuschauer erkennt schnell, dass dieser andere Mann eine allgegenwärtige personifizierte kritische Stimme ist, die nur von Philipp gehört und gesehen werden kann. Als es schließlich zu dem Gespräch mit der Chefin kommt, unterbricht die kritische Stimme beständig und veranlasst Philipp, Dinge zu sagen, die er eigentlich nicht sagen will. Er muss sich schließlich verabschieden, in dem Wissen, dass seine innere Stimme wieder einmal die Oberhand gewonnen hat und ihn als Verlierer erscheinen lässt. Als Philipp geht, macht sich die Chefin über Philipps irritierendes Verhalten Gedanken – bis auch sie von ihrer eigenen kritischen Stimme zurechtgewiesen wird.

Angeschnittene Themen: Selbstbild; Selbstkritik; Scheitern
Schauspieler: 2 Männer, 1 Frau, 1 weibliche Stimme aus dem Hintergrund
Predigttitel-Vorschlag: Wenn ich auf mich selbst sauer bin

VERGEBUNG von Donna Lagerquist
Best.-Nr.: V004

Rita und Nadine treffen sich beim Einkaufen. Früher waren sie einmal gut befreundet, aber inzwischen ist der Kontakt abgebrochen. Nadine scheint unbedingt weiter ihre Einkäufe erledigen zu wollen, aber Rita möchte sich mit ihr unterhalten. Sie sagt Nadine, dass sie ihr vergibt. Vor vielen Jahren hatte Nadine ein Verhältnis mit dem Mann einer Freundin und brachte dadurch eine Gruppe von Freunden auseinander. Rita möchte Nadine wissen lassen, dass sie ihr vergeben hat, auch wenn sie nicht die betrogene Ehefrau war, und dass auch Gott ihr vergibt. Nadine hatte nicht zu hoffen gewagt, dass Vergebung möglich war. Rita drängt sie dazu, wieder einmal gemeinsam etwas zu unternehmen, und Nadine willigt zögernd ein. Sie bleibt alleine auf der Bühne zurück – mit einem Zettel in der Hand, auf dem Ritas Telefonnummer steht. Sie beginnt zu weinen, als das Licht langsam verlöscht.
Angeschnittene Themen: anderen vergeben; Gottes Vergebung
Schauspieler: 2 Frauen
Predigttitel-Vorschlag: Gottes Liebe ist grenzenlos; Versagt – was ist, wenn wir alles falsch gemacht haben?; Einmal ist keinmal

VERKAUFSTÜCHTIG
von Sharon Sherbondy und Steve Pederson
Best.-Nr.: V001

Eine Werbeagentur wird damit beauftragt, eine Werbekampagne für den neuen Softdrink »Rejuventus-ade« zu entwickeln. Der Produktmanager betritt den Raum, als das Team gerade über Verkaufsmöglichkeiten nachdenkt. Die Ideen bewegen sich sehr schnell zu sexuellen Stichworten, und anstatt die vom Produktmanager anvisierten Familienwerte aufzugreifen, fällt die Wahl auf: »Trink es nicht, weil du Durst hast, sondern trink es, weil du heiß bist.« Der Produktmanager verlässt verwirrt den Raum, und die Mitglieder der Werbeagentur wenden sich dem nächsten Produkt zu: »Catalina Gourmet Katzenfutter«. Innerhalb weniger Sekunden landen ihre Ideen bei – man wird es kaum glauben – »erotisch«.
Angeschnittene Themen: die Sexbesessenheit der Gesellschaft; Medieneffekte
Schauspieler: 3 Männer, 2 Frauen
Predigttitel-Vorschlag: Die Quittung für sexuelle Reinheit

VERZEIHUNG von Sharon Sherbondy
Best.-Nr.: V002

Sabine ist wütend. Wieder einmal hat sie einen Abend im Kreis von Freunden hinter sich, an dem sie durch die Geschichten ihres Mannes Max gedemütigt wurde. Es scheint, dass er jedes Mal, wenn sie mit Freunden zusammen sind, auf ihre Kosten Witze macht. Doch dieses Mal hat sie genug. Sie ist einfach nicht mehr bereit, ihm wie früher zu vergeben.
Angeschnittenes Thema: einander vergeben
Schauspieler: 1 Mann, 1 Frau
Predigttitel-Vorschlag: Gott gibt dir eine zweite Chance; Zweite Chancen geben

VORHER – NACHHER von Debra Poling
Best.-Nr.: V003

Nachdem Karin sich für eine Beziehung mit Gott entschieden hatte, dachte sie, ihr Leben würde von nun an frei von Problemen sein. Dies ist ein Irrtum, wie sich rasch herausstellt. Nach einem Ehestreit schläft sie an ihrem Schreibtisch ein und träumt, dass eine gute Märchenfee kommt und sie vor allem Schmerz bewahrt. Die einzige Möglichkeit, ein Leben ohne Probleme zu leben, besteht jedoch darin, immer zu schlafen – und so lässt die Fee Karin einschlafen. Als Karin wieder erwacht, ist sie sehr froh darüber, dass Gott ihr ein angefülltes Leben gegeben hat – inklusive Herausforderungen.
Angeschnittene Themen: christliches Leben; Umgang mit Versuchungen
Schauspieler: 1 Mann, 2 Frauen
Predigttitel-Vorschlag: Klassische christliche Märchen

WARTE BIS ZUR HALBZEIT
von Sharon Sherbondy
Best.-Nr.: W001

Leo schaut sich gerade ein Fußballspiel im Fernsehen an, als seine Frau Bettina ins Zimmer tritt und vorschlägt, an diesem Abend etwas zu unternehmen. Als sie den Vorschlag macht, ein befreundetes Ehepaar einzuladen, zeigt er sich besonders uninteressiert. Er mag deren christlichen Glauben nicht, während

Bettina findet, dass es sehr interessante und fürsorgliche Leute sind. Der Schlagabtausch ist überwiegend heiter, bis sie den Tod und das Leben nach dem Tod erwähnt. Doch Leo witzelt nur, dass man ihn dann eben in einem Anzug aus Asbest begraben solle. Für ihn kann die Ewigkeit bis zur Halbzeit warten.
Angeschnittene Themen: Evangelisation; Himmel und Hölle
Schauspieler: 1 Mann, 1 Frau
Predigttitel-Vorschlag: Ein Fall für Christus; Die Relevanz der Auferstehung

WARTEN? von Judson Poling
Best.-Nr.: W002

Zwei Männer sitzen in einem Büro und warten darauf, einen Verweis zu erhalten, weil es ihnen nicht gelungen ist, ein Darlehen für die Expansion ihrer Firma zu erhalten. Auch wenn sie sich gegenseitig gutmütig auf den Arm nehmen, was sie nun zu ertragen haben werden, zieht einer der beiden ein Resümee seines Lebens: Sein Einkommen entspricht nicht seinen Erwartungen, und er muss sehen, wie andere die Karriereleiter hochsteigen – höher und schneller als er selbst. Sein Kollege führt dieses Tief auf eine zeitlich schlecht geplante Midlife-Krise zurück und beschließt, zu gehen und sich dem drohenden Telefonanruf zu entziehen. Nun bleibt sein Kollege alleine im Büro zurück und denkt über einen Ausweg für seine Probleme nach.
Angeschnittene Themen: Midlife-Krise; Druck am Arbeitsplatz; Suche nach Bedeutung
Schauspieler: 2 Männer
Predigttitel-Vorschlag: Vier Vorteile, die Christen am Arbeitsplatz haben

WAS FÜR EIN GEFÜHL von Debra Poling
Best.-Nr.: W003

Ein Ehemann und seine Frau betreten einen Autosalon, um einen Zweitwagen zu kaufen – ein Auto ohne jegliches Zubehör, nur die Grundausstattung. Er warnt sie, sich nicht von der Verkaufsmasche des Verkäufers einwickeln zu lassen, sondern ihn das Geschäft machen zu lassen. Am Ende geht er im Gefühl verloren und kauft ein aufgemotztes Modell mit allen Extras.
Angeschnittenes Thema: Entscheidungsfindung
Schauspieler: 2 Männer, 1 Frau
Predigttitel-Vorschlag: Das Maß der Dinge verlieren; Verstandesmenschen, Gefühlsmenschen und Zauderer

WEIL ICH DICH LIEBE von Sharon Sherbondy
Best.-Nr.: W004

Michaela hat für sich und ihren Mann Erich ein Abendessen geplant. Die romantische Atmosphäre wird von einem Werbeprospekt zerstört, den Erich in der Tagespost findet. Seine Frau hatte vier Jahre zuvor eine Affäre mit einem Mann, der in dieser Firma arbeitete, von der die Werbesendung stammt. Der Abend endet in einem großen Ehestreit, als deutlich wird, wie verletzt Erich noch immer ist und dass er seiner Frau nicht vertrauen kann.
Angeschnittene Themen: die Konsequenzen der Sünde; Ehebruch
Schauspieler: 1 Mann, 1 Frau
Predigttitel-Vorschlag: Das »S-Wort«; Der hohe Preis eines kurzen Abenteuers

WENN VATER WÜSSTE von Donna Lagerquist
Best.-Nr.: W005

Während zwei Brüder zusammen einen Zaun bauen, unterhalten sie sich über ihre Kindheit und vor allem über die Erziehung ihres Vaters und ihre eigene. Jonas ist der Ansicht, dass sich Peter zu viel mit seinem eigenen Kind beschäftigt und Arbeiten erledigt, die in seinen Augen eigentlich »Frauenarbeit« sind, aber Peter erklärt ihm, dass er nicht dieselben Fehler wie sein Vater begehen möchte, der nie wusste, was in seinen Söhnen vorging. Jonas beginnt, über seinen eigenen Erziehungsstil nachzudenken.
Angeschnittene Themen: Vatertag; Väter, die keine Angst haben, sich zu engagieren
Schauspieler: 2 Männer, 1 Frau
Predigttitel-Vorschlag: Vater werden ist nicht schwer – Vater sein dagegen sehr; Hilfe, ich bin ein Hausmann!

WIE MAN SICH KLEIDET ...
von Donna Lagerquist
Best.-Nr.: W006

Während David gerade mit seiner Tochter Teresa unterwegs ist, die sich einen neuen Badeanzug kaufen möchte, ist seine Frau Marlene zu Hause geblieben, weil sie den jährlichen Kampf darüber, was gemäßigt genug für Erwachsene und modisch genug für Teenager ist, aus dem Weg gehen will. Als die beiden vom Einkauf zurückkehren, stellt sich heraus, dass David auf das Urteilsvermögen seiner Tochter vertraut und ihr die Wahl überlassen hat. Marlene kann diese Haltung nicht verstehen und hält David seine Hilflosigkeit

vor, denn: »Was sollen denn die Nachbarn denken …?« Werden die Zuschauer erfahren, für welchen Badeanzug sich die Tochter entschieden hat? Die Eltern stürzen sich jedenfalls auf die Tüte, um es herauszufinden.
Angeschnittene Themen: Erziehung; Kinder ihre eigenen Entscheidungen treffen lassen
Schauspieler: 1 Mann, 2 Frauen
Predigttitel-Vorschlag: Den Herausforderungen der Familie ins Auge sehen; Eine geistliche Grundlage ausbilden

WIR VERTRAUEN AUF … von Judson Poling
Best.-Nr.: W007

In diesem Monolog berichtet ein Familienvater über die diversen Anforderungen, die von Seiten seiner Familie an ihn gerichtet werden und denen er sich augenscheinlich nicht gewachsen sieht: Sein Sohn hinterfragt seine Ansichten, und seine Frau wünscht sich, dass ihr Mann stärker auf ihre Bedürfnisse eingeht. Von allen Seiten sieht er sich ausgenutzt und missbraucht; er beginnt allen Beziehungen, seien es Geschäftsbeziehungen oder sogar die Ehe, zu misstrauen, sodass er schließlich selbst nicht mehr weiß, ob man Gott vertrauen kann.
Angeschnittenes Thema: Familienbeziehungen
Schauspieler: 1 Mann
Predigttitel-Vorschlag: Vertrauen ist gut, Kontrolle ist besser; Wenn alle Stricke reißen …

WO KANN ICH HELFEN?
von Sharon Sherbondy
Best.-Nr.: W010

Eine Gruppe von Arbeitskolleginnen will helfen, ein altes Gebäude zu reinigen, das zu einer Klinik umgebaut werden soll. Obwohl sie es im Grunde alle gut meinen, wird doch deutlich, dass mehr hinter ihrem Engagement steckt. Eine Frau, die »Märtyrerin«, macht jedem klar, wie viel sie opfern musste, um hier helfen zu können. Die »Leidende« ist gegen fast alles allergisch und fürchtet, einen Schock zu bekommen. Das Handy einer dritten Frau klingelt unentwegt und lenkt sie so von der Arbeit ab. Eine andere hat sich nicht richtig angezogen, weil sie in ihrem Leben noch nie etwas so Dreckiges säubern musste. Und es gibt die »Aufseherin«, die versucht, das Projekt in ihre Hand zu nehmen.
Am Ende erfährt diejenige, die alle anderen in ihrem Kleinbus gefahren hat, von einem Notfall an ihrem Arbeitsplatz – und weil sie geht, müssen alle anderen mitgehen. Übrig bleibt nur die Frau, die alles organisiert hatte. Seufzend schaltet sie das Radio an und beginnt, die Arbeit allein zu erledigen.
Angeschnittene Themen: den Bedürftigen helfen; nicht aufgeben; Umgang mit schwierigen Menschen
Schauspieler: 6 Frauen
Predigttitel-Vorschlag: Wahren Sie lieber den christlichen Schein; Christliche Heuchler

WUNDERBAR GEMACHT
von Donna Lagerquist
Best.-Nr.: W011

Dieses kurze Theaterstück ist eine Interpretation der Aussage aus Psalm 139, dass Gott uns im Mutterleib bildet und einen Plan für unser Leben hat. Wir sehen, wie das Kind Elisabeth von Gott Eigenschaften bekommt, während sie noch im Mutterleib ist. Sie weiß, dass sie geliebt ist und so geschaffen wurde, wie Gott es wollte. Als sie jedoch zur Welt kommt, ändern sich diese Gefühle, weil die Vorstellungen, die ihre Eltern von ihr haben, ganz anders sind als das, was ihr im Mutterleib »gesagt« wurde. Die »Korrektur« der Eltern bewirkt mit der Zeit, dass die Persönlichkeit, die Elisabeth eigentlich sein sollte, sowohl körperlich als auch emotional unterdrückt wird. So wächst sie als ein trauriges und verwirrtes Kind auf.
Angeschnittene Themen: Rolle der Eltern; Selbstachtung; die Einzigartigkeit eines Menschen
Schauspieler: 1 Mann, 1 Frau, 1 Erzähler, 1 männlicher Stimme, 1 Kind
Predigttitel-Vorschlag: Du bist du, das ist der Clou

WUNSCHZETTEL von Judson Poling
Best.-Nr.: W008

Dieses Theaterstück zeigt, wie schwer es vielen Menschen fällt, ihre materiellen Wünsche einzuschränken. Die Szene spielt kurz vor Weihnachten in einem Einkaufszentrum. Eltern versuchen verzweifelt, ihre Tochter davon zu überzeugen, dass es nicht unbedingt nötig ist, der Sammlung von Barbie-Puppen ein siebentes Exemplar hinzuzufügen.
Angeschnittene Themen: Gier; Anhäufung von Besitz
Schauspieler: 2 Männer, 2 Frauen, 1 Mädchen
Predigttitel-Vorschlag: Das zehnte Gebot; Konsumterror

»10« von Judson Poling
Best.-Nr.: Z001

Das Stück kann eine Predigtserie zu den Zehn Geboten eröffnen und beschäftigt sich mit dem ersten Gebot: »Du sollst den Herrn, deinen Gott, ehren«. Lernen Sie »10« kennen, einen Reporter, der die Leute auf der Straße nach ihrem Wissen über die Zehn Gebote befragt. Darüber hinaus wendet er sich auch direkt ans Publikum und denkt laut darüber nach, ob die Zehn Gebote überholt und kleinlich sind.

Angeschnittenes Thema: das erste Gebot
Schauspieler: 3 Männer, 2 Frauen
Predigttitel-Vorschlag: Erstes Gebot; Du sollst den Herrn, deinen Gott, ehren

ZU MEINER ZEIT von Judson Poling
Best.-Nr.: Z002

Veränderungen in der Gemeinde? Schlagzeug und E-Gitarre statt Orgel? Ehrenamtliche Mitarbeiter? Besondere Gottesdienste für Kirchendistanzierte? Nein, danke. Oder? Man kann das Stück entweder als Monolog spielen oder die einzelnen Passagen von unterschiedlichen Personen sprechen lassen.

Angeschnittene Themen: Veränderung; Gemeinde
Schauspieler: entweder 1 Person oder 11 Personen
Predigttitel-Vorschlag: Nein zu Veränderung!

Willow Creek Edition – *kreativ*
Projektion J Verlag

Postfach 11 49
D-35607 Asslar

Tel.: 0 64 43 / 68 33
Fax: 0 64 43 / 68 34

Bestellformular für Theatermanuskripte

Besteller:
Name:
Name der Gemeinde:
WCA-Mitgliedsnummer:
Straße:
PLZ / Wohnort:
Telefon: Fax:

Lieferung an folgende Adresse:
Name:
Name der Gemeinde:
Straße:
PLZ / Wohnort:
Telefon: Fax:
Unterschrift / Datum:

Best.-Nr.	Titel des Theaterstücks	Best.-Nr.	Titel des Theaterstücks
	€ [D] 12,50		€ [D] 12,50
	€ [D] 12,50		€ [D] 12,50
	€ [D] 12,50		€ [D] 12,50
	€ [D] 12,50		€ [D] 12,50
	5. Titel gratis		5. Titel gratis
	€ [D] 12,50		€ [D] 12,50
	€ [D] 12,50		€ [D] 12,50
	€ [D] 12,50		€ [D] 12,50
	€ [D] 12,50		€ [D] 12,50
	5. Titel gratis		5. Titel gratis

Die Theaterstücke, inkl. Regieanweisung und Aufführungslizenz, können aus verwaltungstechnischen Gründen nur direkt beim Verlag bestellt werden und sind vom Umtausch ausgeschlossen.

Porto: Jedes Theaterstück kostet € [D] 12,50. Für Bestellungen bis € [D] 50,- berechnen wir € [D] 1,53* Porto. Bestellungen über € [D] 50,- versenden wir portofrei.

Bitte kopieren Sie diese Seite oder schneiden Sie sie aus und senden/faxen sie an die oben stehende Adresse.

* Stand: 11/2001